人一生不可不知的
名 人

贾 娟 编著

光明日报出版社

图书在版编目（CIP）数据

人一生不可不知的名人 / 贾娟编著 . -- 北京：光明日报出版社，2012.6
（2025.4 重印）
ISBN 978-7-5112-2393-7

Ⅰ . ①人… Ⅱ . ①贾… Ⅲ . ①名人—生平事迹—世界 Ⅳ . ① K811

中国国家版本馆 CIP 数据核字 (2012) 第 076586 号

人一生不可不知的名人

REN YISHENG BUKE BUZHI DE MINGREN

编　　著：贾　娟

责任编辑：李　娟　　　　　　　　　责任校对：朱立春
封面设计：玥婷设计　　　　　　　　责任印制：曹　净

出版发行：光明日报出版社
地　　址：北京市西城区永安路 106 号，100050
电　　话：010-63169890（咨询），010-63131930（邮购）
传　　真：010-63131930
网　　址：http://book.gmw.cn
E – mail：gmrbcbs@gmw.cn
法律顾问：北京市兰台律师事务所龚柳方律师

印　　刷：三河市嵩川印刷有限公司
装　　订：三河市嵩川印刷有限公司
本书如有破损、缺页、装订错误，请与本社联系调换，电话：010-63131930

开　　本：170mm×240mm
字　　数：200 千字　　　　　　　　印　张：14
版　　次：2012 年 6 月第 1 版　　　印　次：2025 年 4 月第 4 次印刷
书　　号：ISBN 978-7-5112-2393-7-02

定　　价：45.00 元

前言 Preface

一个人在其一生中，知道一些名人，可以透过名人了解不同时期的历史文化，学习名人的成败之道，获得宝贵的人生启迪等。这对于一个人的成长、工作、生活等诸多方面都具有重要意义。

鉴此，本书遴选了在政治、思想、文学、艺术、科技、经济等领域名气最大、影响最深，并对现代人最具启发和借鉴意义的名人。在编写体例上，每位名人逐一独立成篇，以名人的简传为主体，用精炼的文字讲述名人的生平以及成名背后的故事，阐述其给予后人的人生启迪，重点揭示其成功之道、人生经验和人性的优缺点等。此外，设立辅助性栏目：名人档案，方便读者直观获得简要的名人信息；名人轶事，给读者提供名人生前身后鲜为人知的相关事宜。编者力图在有限的篇幅内呈现更多信息，引导读者从多角度、多侧面解读名人。

在此基础上，全书选用了300余幅与文字相契合的精美图片，包括人物画像、照片、历史背景、文物图片等，给读者以强烈的视觉享受和更广阔的思维想象空间。

科学简明的体例、丰富精美的图片、精炼流畅的文字和新颖开放的版式设计有机结合，不仅让读者全方位了解名人的人生经历，而且指导读者深入解读名人的成败和人生经验教训。

衷心希望每位读者通过阅读这些名人的故事，不断汲取人生智慧，逐步提高个人修养，提升自身价值，在竞争日益激烈的现代社会中，增强自身的竞争优势，最终迈向成功之路。

目　录

政治名人

ZHENGZHIMINGREN

生卒年：公元前 356 ~ 前 323
国　　籍：马其顿
出生地：马其顿（希腊北部）
性　　格：意志坚强、敏锐果断
家　　庭：出身于王室。父亲是马其顿国王腓力二世

亚历山大大帝

古代世界最著名的征服者

高加米拉大捷
在这幅画中，亚历山大指挥重骑兵重创波斯军队，并在这场攸关波斯存亡的生死大战中取得了决定性的胜利。

从儿童时代起，亚历山大就有了称霸世界的志向，梦想着建立丰功伟业。据说，每当他获悉父亲胜利的消息时就会发愁，唯恐自己会因此而不能享受到征服世界的光荣。从 16 岁起，他就随父征战，在著名的喀罗尼亚战役中，他指挥马其顿的骑兵，锐不可当地击破了敌人的右翼，为战役的胜利立下了功劳。

公元前 336 年，腓力二世在女儿的婚礼上被刺身亡，亚历山大继位，时年 20 岁。当时，国内形势非常紧张，腓力二世创造的希腊联盟以及先后征服的北方属地，都纷纷叛变。亚历山大以他卓越的军事才能，击败各种反叛势力，巩固了马其顿在希腊的霸主地位。

平定内乱后，亚历山大立即开始了对东方的远征。公元前 334 年，他率领步兵 30000、骑兵 5000、战船 160 艘，发动了对波斯的战争。他的大军很快就征服了小亚细亚，于公元前 333 年 11 月，在叙利亚伊苏城附近的品那洛斯河，与波斯皇帝大流士三世的 60 万兵马展开了著名的"伊苏之战"。战役开始后，他率领精锐的右翼重装骑兵，突然以凌厉的攻势攻击敌方左翼，然后直取大流士，使波斯军队全线溃败，还俘虏了大流士三世的母亲、妻子和两个女儿。亚历山大拒绝了大流士三世的求和，接着又打败了波

斯海军的主力推罗海军，控制了地中海，进而兵不血
刃地占领了埃及，最后在公元前 331 年春天挥师两
河流域，开始进攻波斯本土，同年 9
月，在古亚述首都尼尼微附近的高
加米拉与波斯军队展开了决战。波
斯兵力号称百万，并有 200 多辆刀
轮战车，但还是遭到惨败。大流士三世东逃，为
巴克特里亚总督所杀，后者在不久又被亚历山大擒获
并处死，盛极一时的波斯帝国最终覆灭在亚历山大的铁骑
之下。公元前 324 年，亚历山大回到巴比伦，结束了自己的远征。

亚历山大通过军事征服，建立了一个东起印度河，西抵马其顿、
希腊，以巴比伦为都城的前所未有的庞大帝国，并有效地促进了帝
国内的经济和文化交流。随着他的远征，不少希腊学者来到东
方，研习当地的科学与文化，直接促进了东西方科学文化的
互补和交流；为了鼓励马其顿人和东方人的融合，他竭力鼓

亚历山大骑马雕像

励马其顿人和东方人通婚，自己首先带头娶了大流士三世的女儿。亚历山大采取各种
积极措施，把希腊推向了鼎盛。

公元前 323 年 6 月 13 日，亚历山大在准备再次远征时，患病逝世，终年 33 岁。

高加米拉大捷后，曾盛极一时的波斯帝国土崩瓦解，亚历山大大帝乘着战车，抬着从波斯缴获的战利品，回到了巴
比伦城。

生卒年：公元前 100～前 44
国　籍：古罗马
出生地：罗马城外的农庄
性　格：志向远大、有勇有谋
家　庭：罗马贵族朱理亚的后裔

恺撒

古罗马至高无上的统治者

绿板岩恺撒半身雕像

他在击败对手庞培后成为罗马帝国的统治者，并以征服高卢以及对其所指挥的战役的精彩描述而闻名于世。他以后所有的罗马帝国皇帝都以恺撒作为自己的正式称号，也许是希望能够因此享有前任的荣耀。

恺撒是古罗马历史上最有成就的伟人，有人断言，若不是他在英年时突然遇刺身亡，罗马的历史将可能改写，甚至他的成就将可能超过著名的马其顿国王亚历山大大帝。

少年时期的恺撒就已经怀有了非凡的抱负和志向，他幻想权力和荣誉，希望为风云变幻的罗马共和国建功立业。公元前84年，恺撒奉父命与珂西斯汀结婚，不久，父亲死后，他与珂西斯汀离婚，另娶了平民党的领导者金拉的女儿可妮丽娜为妻。苏拉哥尼留在取得统治权后，杀死了自己的政敌金拉，他非常赏识年轻有为的恺撒，要求恺撒和可妮丽娜离婚，被恺撒拒绝。苏拉哥尼留一气之下，没收了恺撒的世袭财产和他太太的嫁妆，并且要处死恺撒。恺撒闻讯后，逃离罗马，直到公元前78年苏拉哥尼留死后，才得以返回罗马。

回到罗马后，恺撒迅速地在政坛崛起，以雄辩、慷慨、热心公务的作风和改革派的形象赢得了公众的好感，并在广大平民和部分上层人士中赢得了威望。公元前73年，他被选入最高祭司团，此后，又历任财政官、市政官、大祭司长、大法官等高级职务，并于公元前60年与担任罗马执政官的庞培和克拉苏结成"三头同盟"。在后两者的支持下，恺撒于公元前59年登上了罗马执政官的宝座，任满后出任高卢总督（公元前58～前51）。就任

恺撒遇刺

此为表现恺撒被刺死的绘画。尽管事先受到威胁，恺撒还是没带武器便来到元老院，在凶手中，他认出布鲁图斯——他之前非常信任的人，死前他说道："你也这样，我的儿子！"

高卢总督期间，恺撒建立起了一支能征善战、完全听命于自己的强大的军队。这支军队征服了高卢全境，越过莱茵河攻袭德意志地区，并两次渡海侵入不列颠群岛，为恺撒赢得了赫赫战功。恺撒势力的迅速增长，引起了元老院贵族的惊恐。克拉苏死后，庞培与元老院合谋，企图解除恺撒的军权。恺撒决定以兵戎相见，经过五年内战（公元前49～前45），他消灭了以庞培为首的敌对势力，征服了罗马全境，被宣布为独裁者，获得了至高无上的统治权力，成为没有君主称号的君主。恺撒凭借手中的权力，进行了包括土地制度、公民权、吏治法纪和政治体制在内的多方改革，建立起高度的中央集权，初步形成了一个以罗马为中心的庞大帝国，其中有些措施对后世影响深远。他曾让属下在墙上写出罗马发生的重大事件和元老院会议的报告书，成为现代报纸最原始的雏形；他主持制定的儒略历，有些国家到20世纪还在应用，而现行的国际通用的公历就是在此历法的基础上改革而成的；他曾为当时众多的马车制定单向通行的制度，成为现代交通管理的滥觞；他所写的《高卢战记》更是为后人留下了解当时外高卢、莱茵河东岸的山川形势、风俗人情等最早的第一手材料。

　　恺撒的独裁权力始终为元老院的贵族反对派所不满，他们勾结起来，于公元前44年将恺撒刺杀于元老院，时年恺撒56岁。

生卒年：公元前 63 ~ 公元 14
国　　籍：古罗马
出生地：古罗马城
性　　格：机智、勇敢、坚决、果断
家　　庭：出身于骑士家庭

奥古斯都

罗马帝国的缔造者

奥古斯都像

奥古斯都原名盖乌斯·屋大维。他开创了罗马帝国，是古罗马历史上第一个皇帝。奥古斯都是罗马元老院授予他的尊号，意为至圣至尊。屋大维的父亲在他出生后不久便去世。后来母亲改嫁，他由继父抚养长大。

屋大维从小聪明伶俐，而且很勇敢，深受恺撒（恺撒是屋大维的舅父）的喜爱，被恺撒确定为未来的继承人。15 岁时，他被选入大祭司团。公元前 44 年，恺撒在元老院遇刺身亡。此时，年仅 19 岁的屋大维正在阿波罗尼亚督战。他闻讯后，迅速返回罗马争夺统治权。虽然恺撒早已将屋大维指定为自己的继承人，但此时掌握罗马军政大权的却是恺撒的部将、执政官安东尼。他断然拒绝了屋大维继承罗马统治权的要求。为了夺回本属于自己的权力，屋大维借助恺撒旧时的威望，联合元老院贵族，向安东尼展开了一系列政治、军事攻略。罗马由此进入长达 15 年的内战时期。公元前 29 年，屋大维终于击败安东尼的势力，并重新统一了罗马全境，胜利回归罗马城，成为罗马唯一的统治者。

一心想建立独裁统治的屋大维采取以退为进的策略，于公元前 27 年 1 月 13 日宣布将向元老院和罗马人民交卸权力，以恢复共和制度。3 天后，心怀感激的元老院贵族们授予屋大维"奥古斯都"的尊号，还恳请他留任执政官，并统率 20 个军团的兵力。屋大维假戏真唱，通过这项举措，合法地取得了罗马军政大权。同时，他又以应元老院和人民请求的名义，接受了完全违背共和制原则的绝对权力，创立了独裁的元首制。公元前13年，他又担任了大祭司长一职，成为宗教最高首脑。这样，屋大维总揽了行政、军事和宗教等大权，成为披着"共和"外衣的真正独裁者。不久，屋大维暗示元老院授予他"元首"（即元老院首席公民）的称号，正式确立了元首制。他成为罗马历史上第一个皇帝。

为了巩固自己的统治，屋大维进行了一系列改革。他改组元老院，剥夺元老们的军事、财政和外交大权，使元老成为一种身居高位，却毫无实权的虚职。他将罗马帝国的各行省分为由元老院任命总督管辖的元老院行省和直属元首的行省，并在行省中推行自治市制度，授予行省上层分子以公民权，并把大批退伍老兵移居到各个行省，从而加强了中央集权。

屋大维将军队视为独裁统治的支柱。他独揽军权，建立了一支直接听命于自己的常备军。对外方面，他继承了恺撒的传统，到处侵略扩张。在西方，他完全征服了西班牙和高卢地区，侵入莱茵河和易北河之间；在东方，他征服了亚美尼亚，并迫使帕提亚人归还了在以往战争中夺得的罗马军旗，大大扩展了罗马帝国的疆域。

在社会生活方面，奥古斯都提倡恢复古时的纯朴风俗，竭力恢复古老的宗教崇拜传统，颁布了一系列法律制度，奖励生育，以增加罗马的人口。此外，奥古斯都在罗马城大兴土木，这些大型工程的修建不仅使一部分平民有了工作，稳定了社会秩序，同时也提高了他本人的威望和罗马城的声誉。

公元14年，奥古斯都巡视日耳曼行省，在路上感染痢疾，不治而亡，享年77岁。而他开拓的罗马帝国，此后经历了长达200年的被称为"罗马和平"的稳定繁荣时期，到安东尼王朝统治时期达到鼎盛。

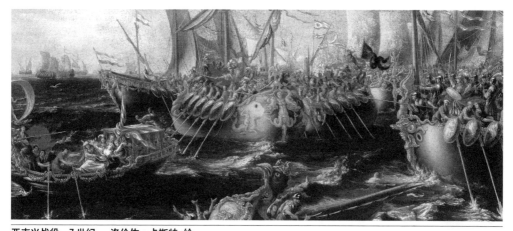

亚克兴战役　7世纪　洛伦佐·卡斯特　绘

这幅绘画表现的是公元前31年屋大维的战舰与安东尼的战舰在亚克兴海角交战的场面，屋大维联合一切可以联合的力量，终于于公元前29年战胜劲敌安东尼，成为罗马唯一的统治者。

生卒年：483 ~ 565
国　　籍：罗马
出生地：托利希尔姆（前南联盟境内）
性　　格：雄心勃勃、意志坚强、颇具才略
家　　庭：出身于农民家庭。其伯父依靠战功，
　　　　　被拥立为拜占庭帝国皇帝

查士丁尼

以法治国的君主楷模

查士丁尼于 483 年出生在托利希尔姆（前南联盟境内），少年时代随伯父查士丁及其友人离家从戎，来到君士坦丁堡，被编入禁卫军，成为亚纳希泰西斯皇帝的御前侍卫。查士丁屡建奇功，继亚纳希泰西斯之后，被拥立为拜占庭帝国皇帝。查士丁无后，查士丁尼在 527 年查士丁死后继承了皇位。

查士丁尼即位之初，正值"蛮族"日耳曼人入侵西罗马帝国（拜占庭帝国为东罗马帝国），意大利、北非和西班牙的一部分都落入"蛮族"手中。为此，查士丁尼制定明确的政治目标：收复西罗马帝国的失地，恢复基督教的罗马帝国。之后，他长期为之做准备，废寝忘食，当时有人惊呼：查士丁尼不是人，而是个丝毫不需要休息的恶鬼！ 533 年，查士丁尼派大将贝利撒留率领 16 万大军从海路攻入北非的汪达尔王国，揭开了对外征服战争的序幕。是年 9 月贝利撒留攻陷汪达尔首都迦太基。

534 年，汪达尔王国灭亡。第二年，东哥特统治集团内部

查士丁尼像
查士丁尼手托一教堂模型，表明了他皈依基督教的身份。他统治期间，制定了历史上第一部系统完备的法典，以法治国，使得罗马经济繁荣，但政治上却极其腐败。长年的战争最终将帝国的经济拖垮。

发生内讧，查士丁尼借口调解纷争，出兵意大利。536年12月，罗马陷于查士丁尼之手，东哥特军队被赶走，教皇和居民出城投降。然而，查士丁尼并没有就此罢兵，而是直指东哥特首都拉文那。540年，首都陷落，国王被俘，东哥特灭亡。554年，查士丁尼又利用两哥特王国内部纷争的契机，出兵占领了西班牙的东南沿海地区。

奥古斯都加冕图

图中绘的是罗马皇帝查士丁尼及其朝臣，查士丁尼头像上的光环象征着精神权威，皇冠则代表着世俗的力量。

至此，查士丁尼的对外征服战争已近尾声，拜占庭帝国的疆域空前广大。

查士丁尼在对外发动战争的同时，在国内组织编纂拜占庭帝国法典。这是对世界历史有深远影响的一项伟大工程。528年，即查士丁尼登基后的第二年，他就组建了一个由特里波尼亚等16位法律学者组成的帝国法律制订委员会，负责编纂帝国法典。特里波尼亚领导众人，历时6年，到534年完成了这部宏伟的法典。法典由3部分组成：主体是《敕法汇纂》，包含了经过系统整理的罗马帝国兴建以来公布的所有法律典章，其中不合时宜的部分被删改；《学说汇纂》是一部宏大的法律思想史，它从历来有关的法律著作和文献中摘出最具代表性的部分加以整理；第三部分是《法学提要》，作为专攻法律学生的教材。这一系列法律文献，统称为《查士丁尼法典》（或《罗马法典》）。它区别了公法和私法，确立了统一的无限私有制概念，是欧洲历史上第一部系统完备的法典，成为后来欧洲各国研究和制定法律的基础。

查士丁尼统治时期，拜占庭社会秩序相对稳定，城市繁荣，工商业兴旺，但帝国政治却极其腐败，臃肿的官僚机构和庞大的军队耗费了大量的财富，加重了人民负担，引起他们的不满。532年，拜占庭发生平民暴动，查士丁尼一时惊慌失措，在皇后特娥多拉的鼓励下才没有弃城逃跑。他留下来坐镇指挥，最终镇压了反乱。

由于长期的对外战争，拜占庭帝国的实力严重削弱，最后竟然无力抵御斯拉夫人和匈奴人的进攻。548年，斯拉夫人大举侵入君士坦丁堡，抢走大量黄金。558年，匈奴人长驱直入，直逼首都，也进行了大肆抢掠。一时间国库空虚，经济濒于崩溃。面对严峻的形势，查士丁尼一筹莫展，只好以研究神学来排遣烦恼，于565年郁郁而终。

生卒年：1672 ~ 1725
国　籍：俄国
出生地：莫斯科
性　格：坚强、勤奋、野心勃勃
家　庭：出身于王室。父亲是阿列克谢沙皇，
　　　　母亲是娜塔丽娅皇后

彼得大帝

使俄罗斯走上强国之路的沙皇

彼得从小酷爱军事游戏，和伙伴们一起建立了两个童子军团，到他执政后，这两个军团成为他的嫡系部队。小彼得经常和外国侨民来往，向他们学习数学、航海等知识，受到了西欧文化的影响。1689 年，彼得同贵族女儿叶多夫金·洛普辛娜结婚，1696 年离婚，并把妻子送进修道院。

1689 年，彼得夺取政权，他把国事交给母亲和舅舅等亲信管理，自己仍然操练童子军团，1694 年母亲逝世后，才开始亲政。1695 年，他率领 3 万俄军，进攻土耳其，

企图占领亚速海，为俄国争夺黑海出海口铺平道路，但遭到失败。之后，他迅速地建立了一支由 30 艘战船和很多运输船及快艇组成的海军舰队，于同年 5 月从陆、海两路包围并最终占领了亚速。1697 ~ 1698 年间，彼得派大使团到西欧考察，以加强和扩大同西欧各国的反土耳其联盟，同时学习西欧各国先进的科学技术、聘请技师和专家，引进新式的机器设备。1698 年，在平息了国内的军事叛乱后，彼得开始在国内推行欧化政策，进行了经济、军事、文化、政治等一系列改革。

在经济方面，彼得大力发展工业，积极建造基础设施，建设通商口岸，发展国内贸易，

彼得大帝是 18 世纪初期俄罗斯的统治者，俄国历史上称帝的第一人。他全力以赴地将封闭保守的俄罗斯转变成一个真正的帝国。

彼得大帝参拜红衣主教的陵墓，充分说明了彼得对待宗教的宽容态度。

并实行保护关税政策，奖励输出，限制输入。军事方面，他建立了一支由步、骑、炮、工组成的 20 万人的正规陆军和一支由 48 艘战舰、大批快艇和近 3 万名水兵组成的海军舰队。文化教育方面，他建立了众多学校，并派遣留学生到西欧学习，规定贵族子弟必须接受教育，必须学会算术和一门外语。他还建立了俄国的第一个印刷所、博物馆、图书馆以及剧院，创建了第一份全俄报纸《新闻报》，并亲任主编。于 1724 年开始筹建俄罗斯科学院。政治上，他把宗教权控制在国家和自己手中，改革了行政管理制度，加强了中央集权。这些改革改变了俄国生产力水平低、工商业和文化不发达的局面，为俄国跻身于欧洲强国之列奠定了基础。

在国内改革的同时，彼得又发动了连绵不断的战争，从东南西北各个方向拓展了俄国的领土，他在具有战略意义的涅瓦河口修建了彼得堡要塞，建造木屋城堡，并在 1713 年把首都由莫斯科迁往彼得堡，在不到 20 年的时间里，把彼得堡由几个小村庄变成了拥有 7 万人的大城市。1721 年 10 月，彼得受封为"大帝"和"祖国之父"。俄国国号改为俄罗斯帝国。

彼得大帝的理想是建立一个西至波罗的海、东至太平洋、北至北冰洋、南达印度洋的庞大帝国，但这一野心未能实现。1725 年 1 月 28 日，彼得在彼得堡逝世，享年 53 岁。

生卒年：1732 ~ 1799
国　　籍：美国
出生地：弗吉尼亚东部威斯特摩兰郡
性　　格：坚忍不拔、崇尚民主
家　　庭：出身于贵族。父亲是大庄园主

华盛顿

美国的国父

约克镇受降

　　华盛顿出身于望族，从小就接受了良好的礼仪训练和道德熏陶。1752 年，哥哥劳伦斯去世，华盛顿继承了他的 8000 英亩土地和数百名农奴。同年，他受英国的弗吉尼亚总督丁维第之命，要求法军停止"蚕食"英国在俄亥俄的土地，从此开始了自己的政治生涯。23 岁时，他已经是负责边境安全的弗吉尼亚民兵总司令。1759 年 1 月，他娶了一位富有的寡妇马撒·丹特里奇。

　　1773 年，著名的波士顿倾茶叶事件爆发，英国和北美大陆之间的矛盾冲突激化。华盛顿意识到，除了完全独立，北美大陆别无出路。1774 年 9 月 5 日，在费城召开第一届大陆会议。华盛顿作为弗吉尼亚议会的代表，身着戎装出席会议，在他的大力敦促下，大会通过了不惜以武装抵抗作为最后手段的决议。当时的北美大陆没有海军，没有

华盛顿在普林斯顿战役中挥剑越过英军的头顶指向胜利。随着局势的不断发展，美军正一步步走向胜利。

像样的陆军，却要面对号称"日不落帝国"的世界霸主英国，做出这样的决定，显示出相当的勇气。1775年4月19日，莱克星顿响起了枪声，美国独立战争开始了。同年5月10日，第二届大陆会议在费城举行，大会决定成立由华盛顿任总司令的大陆军。

尽管大陆军在初期取得了一些胜利，但与英国军队相比，敌强我弱的形势是显而易见的。在保卫纽约的战役中，大陆军差点全军覆没。1776年冬天，大陆军陷入了异常艰难的局面。在危急时刻，华盛顿孤注一掷，率兵偷袭了特伦敦镇的普鲁士雇佣军，以2死3伤的代价歼敌千余，大振军威。1777年的秋天，萨拉托加战役打响。在哈得逊河西岸高地，英国名将柏高英的8000余人部队受到了大陆军的两翼夹击，被迫投降。这次大捷促成了1778年2月的美法同盟，美国开始逐渐掌握了战争主动权。1781年10月9日，美国独立战争以美国的胜利而告终。

战争结束后，华盛顿拒绝了任何奖赏，离开部队，回到了维农山庄。1787年，华盛顿再入政坛，主持召开了制宪会议，制定了沿用至今的美国宪法。1789年，华盛顿当选为美国第一任总统。在两届任期（1789～1797）结束后，他坚决拒绝了再次连任，回到了维农山庄。

1799年，华盛顿因患喉头炎去世，享年67岁。

乔治·华盛顿是北美独立战争的组织者、领导者、大陆军总司令，后来被美国人一致推举为美国第一任总统，素有美国"国父"之称，他被看作美国的象征，在全世界也享有盛誉。

生卒年：1769 ～ 1821
国　　籍：法国
出生地：科西嘉岛阿雅克肖城
性　　格：处事果断、野心勃勃
家　　庭：出身于贵族家庭。父亲是律师，母亲出身
　　　　　望族，对拿破仑一生有很大影响

拿破仑

横扫欧洲的法兰西传奇皇帝

正在查阅地图的拿破仑，手支在埃及式样的家具上，充分展示出他对于埃及文明的欣赏之情以及征服埃及的战功。

　　儿时拿破仑不是一个讨人喜欢的孩子，身材矮小，体格瘦弱，一开口就显得非常蠢气。但他的权威令孩子们折服，连哥哥也对他俯首帖耳。1779 年，拿破仑进入布里埃纳军校学习，成绩突出。15 岁进入巴黎陆军学校学习，虽然只有两年，但他却深受法国启蒙思想的影响。

　　从巴黎陆军学校毕业后，拿破仑当上一名炮兵少尉，1791 年晋升为中尉，次年被提升为上尉。1793 年，法国保王党人在英国和西班牙的大力支持下，占领了法国南部重镇土伦，共和军久攻不克。拿破仑奉命参加土伦战役，任炮兵指挥，并晋级为上校。依靠拿破仑指挥的炮兵部队，共和军终于攻占了土伦。此战役使拿破仑名声大振，不久便被破格提升为准将。1795 年，他的炮兵部队在巴黎再建奇功，以 5000 人之力击溃了 2 万多名叛乱分子。之后，拿破仑被任命为法国"国防军"副司令。1796 年，他与年轻寡妇约瑟芬结婚。后来，他又被派往意大利和埃及战场作战。1799 年，拿破仑从战场上悄然返回法国，发动了"雾月政变"，此后，他一直处在法国权力的顶峰，终于在 1804 年加冕称帝，即拿破仑一世，法国进入了法兰西第一帝国时期。

　　拿破仑执政时期，通过内政外交方面的努力，使法国迅速走向强盛。他着力打击

教会势力，镇压反叛势力，采取各种政策推动经济发展，并主持制定了《拿破仑法典》。将法国大革命的成果以法律形式确定下来，对法国及其他资本主义国家的立法产生了深远影响。在对外战争中，拿破仑领导的军队几乎击败了所有的欧洲大国，推动了法国大革命的思想在欧洲的传播。

但是侵略俄国的惨败使法国元气大伤，并给其他敌对国家造成了可乘之机。1814年的莱比锡战役是拿破仑军事史上的一个转折点——他第一次败给了反法联盟。之后，反法联军占领巴黎，拿破仑被流放到意大利海边的厄尔巴岛。1815年，拿破仑成功逃出流放地，返回法国，受到了热烈欢迎并迅速恢复了权力。但此时的法国已经雄风不再，经历了滑铁卢战役的惨败后，拿破仑永远退出了历史舞台。他被流放到大西洋中的圣赫勒拿岛，于1821年去世，终年51岁。

"拿破仑"币

拿破仑的军队在五月广场向皇帝宣誓效忠。"雾月政变"的胜利将拿破仑推到了政治的最前沿，同时也使法国的资产阶级革命得以在欧洲广泛传播。

生卒年：1809 ～ 1865
国　　籍：美国
出生地：肯塔基州西部霍奇亨维尔
性　　格：勤奋、顽强、幽默
家　　庭：出身于农民家庭

林 肯

维护美国国家统一的黑奴解放者

　　林肯小的时候，家里很穷，因此他没有接受过多少正式教育。但他从小勤奋好学，一有机会就向别人请教，靠自学获得了丰富的知识。19 岁时，林肯第一次见识了外面的世界，他乘船顺着俄亥俄河进入密西西比河到了新奥尔良。旅行中见到的黑奴的悲惨生活，深深地刺痛了林肯，他暗下决心：只要有机会，就要推翻蓄奴制度。

　　1830 年，林肯随父母迁居伊利诺伊州后，开始了自力更生的生活，他做事认真，获得了"诚实的亚当"的美名。他在 1834 年当选为伊利诺伊州议员，两年后，又通过考试获得了律师资格。做律师不久，他和美丽的玛丽结婚并有了三个孩子。1854 年，共和党成立，林肯旋即加入了这个主张废除奴隶制的党派，两年后，他在该党的第一次全国代表大会上被提名为副总统候选人。当时，美国南北两派围绕蓄奴制度的存废问题展开了激烈斗争，双方的矛盾冲突已经到了非常尖锐的地步。1858 年，林肯在参加伊利诺伊州参议员竞选时，发表了一篇题为《裂开了的房子》的著名演说，他把美国南北两种制度（奴隶制度和资本主义制度）并存的局面比喻为"一幢裂开了的房子"，并明确表达了希望

　　亚伯拉罕·林肯是美国历史上第 16 任总统，是 19 世纪中期美国北方资产阶级民主派的代表人物。他以旗帜鲜明的废奴主张赢得美国民众的普遍称赞，并领导美国人民取得了南北战争的伟大胜利。他被人们称赞为"新时代国家统治者的楷模"。

攻克新奥尔良

在经受了战争初期的失败和阵痛之后，北方军队开始了有力的反扑，随着战争形势的不断发展，北方慢慢地掌握了主动权。

维护国家统一的愿望。尽管林肯的这次竞选失败了，但这次极富魅力的演讲使他的大名传遍了全国。1860年，林肯当选为美国总统。

林肯的当选，对南方种植园主的利益构成了严重威胁。1860年12月，南方的南卡罗来纳州首先宣布脱离联邦而独立，接着密西西比、佛罗里达等蓄奴州也相继宣布脱离联邦。南方叛乱诸州还建立了自己的政权，并在1861年4月12日不宣而战，攻占了联邦政府军驻守的萨姆特要塞，美国内战开始了。战争初期，北方军队屡战屡败，引起了人民的强烈不满。林肯认识到，是到废除奴隶制的时候了。1862年9月，林肯起草了《解放黑奴宣言》，并在次年的1月1日正式颁布，宣布废除叛乱各州的奴隶制，黑人奴隶获得人身自由。这个法案大大激发了人民的革命热情，成为北方军逆转战场形势的重要转折。1864年11月，林肯竞选连任成功。1865年4月，美国内战以林肯领导的联邦政府的获胜告终。

但是战争的胜利并没有消除蓄奴势力对林肯的仇视，在南军宣布投降的第五天晚上，林肯在华盛顿的福特剧院里看戏时，被南方奴隶主收买的一个枪手蒲斯刺杀，享年56岁。

生卒年：1869 ～ 1948
国　籍：印度
出生地：波尔邦达尔土邦
性　格：坚强、仁爱、睿智
家　庭：出身于官僚家庭。父亲曾任波尔邦达尔土邦首相

印度圣雄 # 甘 地

此图反映了甘地在"非暴力不合作运动"中纺线的情形。

甘地7岁时，全家迁往拉吉科特，他便在当地读小学，12岁进入拉吉科特的阿弗列德中学。13岁时，根据印度教习俗，甘地与卡斯特巴尔结婚。1887年，甘地考取萨玛达斯学院，但因种种原因，在一学期后退学。1889年9月，他去英国留学，攻读法律。在英国期间，他读了大量的宗教书籍，这对他日后的非暴力思想的形成产生了很大影响。1891年，甘地考取了律师资格，学成归国。

1893年，甘地因为办案到了南非并在那里定居，他的非暴力抵抗思想就是在那里发展起来并得到了实践。甘地看到印度侨民在南非受到了种种不公正的待遇，就组织了一个印侨团体"纳塔尔印度人大会"，以非暴力的方式为侨民争取平等待遇，产生了很大影响，迫使南非政府废除了针对印侨的人头税，并承认印度的合法婚姻在南非有效。

1914年，在南非生活了21年的甘地携夫人回国。第一次世界大战爆发后，他在伦敦召集印度侨民组成志愿救护队，后来又在印度为英国招募士兵，希望以此感化英国，换取印度的自治。然而，大战结束后，英国非但没有满足印度人民的自治要求，反而颁布了压制印度民族解放运动的《罗拉特法案》。甘地马上组织起非暴力运动，号召全

国总罢工，要求印度人民绝食和祈祷，以示抗议。1919年，甘地第一次提出了针对英国政府的"非暴力不合作"主张，主要内容是印度人抵制英国殖民政府的学校、法庭、立法机关，抵制英国货和不接受英方委任的国家职务。1920年初，国大党批准了甘地的非暴力不合作运动计划，同年，甘地起草了新党章，加入了通过非暴力不合作运动获得自治权的内容，并获得了国大党年会的通过。1922年，甘地被英国殖民当局判处6年监禁，后来因病被提前释放。1924年，甘地当选为国大党主席，不合作运动发展成为全国性的抗英运动。1929年，国大党年会通过了印度完全独立的提案，将党章中要求的"自治"改为了"完全独立"。1930年，印度的各种纺织品进口比上年减少了1/3，纺织中心孟买的16家英国工厂倒闭，而印度人的土布工厂一年中从384家增加到了600家。

第二次世界大战爆发后，甘地要求英国政府立即退出印度。1947年，英国政府通过了承认印度自治，但却提出了印度分割为印度自治领和巴基斯坦自治领两个部分的"蒙巴顿方案"。这一方案直接导致了激烈的宗教冲突，甘地两次绝食，希望制止仇杀，却无济于事。1948年1月30日，甘地进入晚祷会场时，遭一名印度教极端分子枪击而身亡，享年79岁。甘地把毕生的精力都奉献给了印度人民的解放事业，赢得了印度人民的爱戴，被尊称为"圣雄"和国父。

1930年甘地率78名信徒开始"食盐进军"，揭开了第二次"非暴力不合作运动"的序幕。

生卒年：1870～1924
国　籍：苏联
出生地：辛比尔斯克
性　格：坚毅、明智、热情
家　庭：出身于知识分子家庭。父亲是省国民教育视察员

无产阶级革命导师 # 列　宁

列宁原名弗拉基米尔·伊里奇·乌里扬诺夫，参加革命后化名列宁。5 岁时，他在母亲的教育下开始读书，9 岁时上了中学。1887 年，他随全家迁到喀山，同年进入喀山大学法律系学习。

列宁在喀山大学结识了一批有革命思想的同学。不久，他就因为参加学生运动而被捕、流放。1888 年，列宁从流放地回到喀山，但当局不准他再回到大学。他潜心研读马克思主义，并参加了马克思主义小组。1889 年，列宁随全家移居到萨马拉，他在那里埋头读了四年半的书，学了几门外语，并组织了当地第一个马克思主义小组。1895 年，列宁把彼得堡的 20 个马克思主义小组联合成工人阶级解放斗争协会，在俄国第一次实现了社会主义运动和工人运动的结合。同年 12 月，列宁再次被捕，被流放到西伯利亚。他在流放期间写了《俄国

列宁在晚年由于身体原因，有许多事务交由斯大林处理，列宁提拔并重用斯大林，这使得他在以后的权力竞争中取得了胜利。

这幅绘画描绘了列宁在彼得格勒群众集会上的演说情景。

列宁在1920年的演讲。虽然俄国的大部分地区都遭受到战争的蹂躏，但布尔什维克领袖的决心和力量极大地促进了革命的发展。

资本主义的发展》，阐述了社会主义革命的思想。1903年，列宁出席在伦敦召开的俄国社会民主工党第二次代表大会，以他为首的一派主张无产阶级专政和严格的党组织纪律，并和另一派展开了辩论。列宁领导的一派占多数，称布尔什维克（俄语中多数的意思），另一派称孟什维克（少数的意思）。

俄国1905年革命爆发后，列宁领导布尔什维克党制定了马克思主义的路线。他还回到国内，直接领导斗争。革命失败后，列宁在1907年被迫再次出国。1912年，俄国社会民主工党在布拉格召开第六次代表大会。在列宁的领导下，大会把孟什维克派清除出党，使布尔什维克正式成为一个独立的政党。1914年第一次世界大战爆发后，列宁提出了"变帝国主义战争为国内战争的口号"。1917年，俄国爆发二月革命，推翻了沙皇政权。列宁回国后，提出了《四月提纲》，号召把革命从资产阶级民主革命推向社会主义革命阶段。1917年11月7日（俄历10月25日），列宁在彼得格勒领导起义，取得了十月社会主义革命的胜利。次日，列宁宣布了由他起草的《和平法令》和《土地法令》，并当选为第一届苏维埃政府主席。

十月革命后的俄国面临着非常险恶的国内外环境，列宁以惊人的胆识和勇气，使苏维埃俄国退出了第一次世界大战，并粉碎了1918年至1920年的14个敌对国家对俄国的联合武装侵略和国内的多起大规模叛乱。在国内形势趋于稳定后，1921年初，列宁提出了振兴国民经济的新经济政策，指出要把俄国建设成为社会主义国家。

1924年1月21日，列宁因脑溢血去世，享年54岁。

生卒年：1874 ~ 1965
国　籍：英国
出生地：爱尔兰
性　格：坚强、自信、幽默
家　庭：出身于贵族世家

丘吉尔

二战时期的英国首相

丘吉尔从 7 岁开始，先后在阿斯科特贵族子弟预备学校、布赖顿预备学校读书。他任性而倔强，从来不肯用功读书，从而失去了上大学的机会。父母只好让他进入军校。1895 年军校毕业后，丘吉尔被分配到第四轻骑兵团，任骑兵少尉，开始了戎马生涯。此后到 1900 年，他先后以军官和随军记者的身份参加过英国镇压古巴及印度西北部起义的战争和南非的英布战争。

1900 年，丘吉尔以保守党候选人的资格竞选成为下议院议员。1904 年，他又转而

敦刻尔克大撤退
战争初期，英法联军在德军强大的攻势下节节败退，40 多万人被围困在敦刻尔克一带。查尔斯·坎德尔的油画生动地再现了敦刻尔克大撤退时惊心动魄的一幕。

加入自由党，自由党在 1906 年大选中获胜后，他先后出任了殖民副大臣、商务大臣、内政大臣。1908 年，丘吉尔与贵族之后克里曼珍·华芝亚结婚。第一次世界大战前夕，他出任地位显赫的海军大臣。然而，他在第一次世界大战中轻率发起的试图控制黑海海峡的战役却遭到惨败，英军伤亡人数高达 20 余万，他也因此被免职。

1922 年，丘吉尔出任鲍尔温保守党政府的财政大臣，直到 1929 年。1937 年张伯伦上台后，绥靖政策成为英国外交的主导策略。丘吉尔敏锐地意识到法西斯国家对和平的严重威胁，一再要求英

女王伊丽莎白二世探望丘吉尔爵士，丘吉尔高兴之余，不顾自己年迈的身躯，亲自为女王打开车门，并目送女王离去。

国政府和人民提高警惕，但没有得到重视。1939 年 9 月 3 日，英国和法国向德国宣战，当天晚上，丘吉尔再次出任海军大臣。1940 年 5 月 10 日，张伯伦下台，英王乔治五世任命丘吉尔为首相。当时的英国处在极端困难之中：西欧诸国全部落入德国人之手，盟国法国投降，纳粹空军又对英国发动了大规模袭击，英国一时处在孤军作战的被动局面。面对逆境，丘吉尔以强硬而豪迈的誓言表示要与纳粹德国战斗到底，极大地坚定了人民的信心，鼓舞了士气。同时，他对外积极联合美国和苏联，对国际反法西斯统一战线的形成发挥了重要作用。

1945 年 5 月 7 日，德国宣布投降。两个月之后，正当丘吉尔在波茨坦与杜鲁门、斯大林举行高层会议时，他得知自己领导的保守党在新一届议会选举中惨败，而他也不再是英国的首相。就这样，在战争即将结束时，丘吉尔下了台。不过，他并没有退出政治舞台，而是继续积极参加国内外的政治活动，并在 1951 年以 77 岁高龄再度拜相。

1965 年 1 月初，丘吉尔因病逝世，享年 91 岁。

生卒年：1879 ～ 1953
国　　籍：苏联
出生地：格鲁吉亚的哥里城
性　　格：坚强、冷酷
家　　庭：出身于平民家庭。父亲是鞋匠

斯大林

苏联卫国战争的最高统帅

　　斯大林，伟大的马克思列宁主义者，苏联人民革命领袖。原名朱加施维里，1879年 12 月 12 日生于格鲁吉亚哥里城的一个鞋匠家庭。1894 年，斯大林进入当地的教会中学学习。从中学时期起，斯大林就开始了其反对沙皇反动统治的革命活动。1898 年，斯大林参加俄国社会民主工党，从事革命宣传及动员等活动。1899 年，由于热衷于革命活动，斯大林被开除学籍，他由此开始了职业革命家的生涯。

　　从 1901 年至 1917 年间，斯大林曾七次被捕，六次被流放，五次从流放地逃走，但从未中断过反对沙皇专制制度和传播马克思主义的斗争。十月武装起义成功后，斯大林参加了列宁领导的第一届人民委员会，担任民族事务人民委员、国家监察部人民委员等职。在苏维埃初期最艰苦的岁月中，斯大林常常被列宁派到国内战争最重要的地区去。1918 年，他被派往南部统筹粮务和镇压反动军队的叛乱，领导红军成功击溃了反动军队对战略重镇察里津的进犯。为了纪念他在保卫察里津中的功绩，察里津在 1925 年被命名为斯大林格勒。1919 年，斯大林被授予"红旗勋章"，以表彰他在领导和指挥红军方面做出的杰出贡献。1922 年，斯大林当选为党中央总书记，领导党的日常工作。同年 12 月，苏维埃社会

作为苏联乃至世界上最伟大的政治统帅之一，他创造了一个强大的军事－工业综合体，并领导苏联人民战胜了强大的德国军队。

主义共和国联盟(苏联)成立。1924年列宁逝世后，斯大林继续领导推进苏联的社会主义经济建设。到1937年时，苏联的工业产值已经跃居欧洲第一位、世界第二位，仅次于美国。

1941年5月，斯大林担任苏联人民委员会主席。1941年6月22日，卫国战争爆发，斯大林担任苏联国防委员会主席。同年8月，斯大林担任苏联武装力量最高统帅，领导苏联军民进行了艰苦卓绝的反侵略战争。而且在外交领域，斯大林做出巨大努力，联合世界其他反法西斯力量，推动和建立世界反法西斯统一战线，统一反法西斯盟国的军事、政治步骤。在第二次世界大战期间，斯大林先后参加反法西斯盟国召开的德黑兰会议、雅尔塔会议以及波茨坦会议，为反法西斯战争的伟大胜利做出了卓越的贡献。

苏芬战争

在"二战"初期，苏联为防止德国发动突然袭击，便打算租用芬兰的海港作为军事基地，被芬兰拒绝。出于战略上的考虑，苏联发动了苏芬战争，并最终取得了胜利。

1952年10月，斯大林当选为苏联中央主席团委员和中央书记处书记。在同西方的"冷战"中，斯大林领导了苏联及东欧社会主义阵营，对于西方资本主义阵营的挑衅作了坚决的回击，捍卫了社会主义成果。1953年3月5日，斯大林因病在莫斯科逝世。

斯大林格勒保卫战

1942年9月，苏联红军与德军在斯大林格勒展开了激烈的巷战，历时5个月，以红军的胜利而告终。这场战役成为二战中的一个转折点。此后苏联进入反攻阶段，节节胜利，最终将军旗插在了德国帝国议会大厦的顶上。

生卒年：1882～1945
国　籍：美国
出生地：纽约州的海德公园镇
性　格：睿智、坚强、积极
家　庭：出身于豪门。父亲是美国民主党人士、
　　　　自由主义者

罗斯福

美国历史上任职时间最长的总统

罗斯福是美国历史上一位伟大的总统，也是美国历史上唯一一位坐在轮椅上的、唯一一位连任四届的总统。他推行新政，帮助国家克服了经济大萧条；他领导美国参加反法西斯的战争，并为"二战"的胜利作出了伟大的贡献。

罗斯福小时候经常随父母游历欧洲，从小就积累了不少的生活阅历。他14岁进入马萨诸塞州的格罗顿预备学校，18岁考入哈佛大学攻读政治、历史和新闻，1904年从哈佛大学毕业后，又进入哥伦比亚大学法学院学习法律。1905年，他与埃莉诺·罗斯福结婚，妻子成为他以后从政的得力助手。1907年，罗斯福从哥伦比亚大学法学院毕业，取得了律师资格，被一家律师事务所聘为律师。1910年，他以民主党候选人的身份当选为纽约州参议员，开始涉足政界。

1912年，罗斯福帮助威尔逊赢得了竞选的成功，他本人也因为出色的政治手段和组织才干在民主党中初露头角，并在次年被威尔逊总统任命为海军部助理部长，任职7年。1920年，他被民主党提名为副总统候选人，竞选失败后，他担任了一家保险公司的副经理。1921年夏天，他因为在很凉的水中游泳，染上了当时流行的脊髓灰质炎（小儿麻痹症），但他以坚强的毅力战胜了病魔。1928年，罗斯福成功竞选成为纽约州州长，第二年，美国爆发了严重的经济危机（大萧条）。罗斯福在纽约州采取了多种措施来救济失业工人、稳定社会秩序，在民主党人中的威信大增。1933年3月4日，罗斯福就任美国第32届总统。一进入白宫，他就宣布实施旨在摆脱大萧条的"新政"，在100天的时间里，接连颁布了"紧急银行法"、"黄金储备法"、"国

珍珠港鸟瞰
拍摄于 1941 年 10 月 30 日，海军部队的部署可以清楚地看到，当时在右下角的舰队正在出海，而 1941 年 12 月 7 日的景象甚至更加平静，直至日本人开始了毁灭性的袭击。

家工业复兴法"、"农业调整法"等 15 项重要法案，同时采取了大规模的以工代赈和改善社会福利等措施，终于使美国的社会经济走上正轨。1936 年，他再次当选为美国总统。

1937 年，罗斯福在芝加哥发表了著名的"防疫演说"，指出"战争是会传染的……与战争地点距离遥远的国家或民族，也会被卷入战争的漩涡"。明确表达了他希望参加反法西斯战争的思想。"二战"爆发初期，虽然美国采取了中立政策，但罗斯福积极备战，并迫使国会通过了一些有利于反法西斯国家的条款。1940 年 5 月，不列颠战役爆发后，罗斯福在 5 个月的时间内，给英国送去了大量军火，成为英国实际上的盟国。1940 年 11 月，罗斯福第三次当选为美国总统。此后，他发表了一系列重要谈话，最终摆脱了国内孤立主义的羁绊，使美国投身于世界反法西斯战场，成为世界反法西斯战争的中坚力量。1941 年苏德战争爆发后，美国同苏联签订了租借议定书，给苏联支援了战争物资。同年，罗斯福与丘吉尔联合发表了《大西洋宪章》，奠定了世界反法西斯联盟的基础。

1944 年 10 月，罗斯福打破了美国建国近二百年来的传统，第四次连任美国总统。1945 年 4 月 12 日，罗斯福因突发脑溢血，在佐治亚州的温泉疗养地去世，享年 63 岁。

生卒年：1918 ～ 2013
国　　籍：南非
出生地：南非特兰斯凯
性　　格：坦诚、谦虚、幽默、坚强
家　　庭：出身于大酋长家庭

曼德拉

为黑人呼喊的勇士

曼德拉像
作为反对种族隔离斗争的代表人物，曼德拉为
非洲大陆带来了实现民主的希望。

纳尔逊·曼德拉，1918年出生于南非特兰斯凯一个大酋长家庭。他自幼性格刚强，以民族英雄作为自己的榜样。作为家中的长子，曼德拉被指定为大酋长的继承人，但他却"不愿以酋长身份统治一个受压迫的部族"。

曼德拉学习刻苦，先后获得南非大学的文学学士和威特沃特斯兰德大学的律师资格，一度成为职业律师。之后，他毅然走上了追求民族解放的道路，"以一个战士的名义投身于民族解放事业"。1944年他参加了南非非洲人国民大会（简称非国大），并很快成为这一黑人解放组织的领导人之一。1950年任非国大青年联盟全国主席。两年后任非国大执委、德兰士瓦省主席、全国副主席等职。1952年，他组织并领导了"蔑视不公正法令运动"，坚决反抗执政当局的种族隔离政策，于1956年～1961年以叛国罪接受审判(1961年宣告无罪)。南非当局曾两次发出不准他参加公众集会的禁令。在漫长的审判期间，他与第一个妻子离婚，与N·温妮弗雷德结婚。

1960年，南非警察在沙佩维尔屠杀手无寸铁的非洲人和禁止非国大活动。曼德拉放弃非暴力立场，转而主张采取怠工行动反对南非政权。

翌年 6 月，曼德拉创建非国大军事组织"民族之矛"，自任总司令。1962 年 8 月，曼德拉被捕入狱，当局以政治煽动和非法越境罪判处他 5 年监禁。1963 年，狱中的曼德拉被以怠工、叛国、暴力阴谋等罪名在里沃尼亚审判中受审，第二年又被改判为无期徒刑，从此开始了长达 27 个春秋的铁窗生涯。他在狱中受尽迫害和折磨，但坚贞不屈。

在南非，非国大党的支持者正为曼德拉举行庆祝活动。

1990 年 2 月，南非当局迫于内外舆论的压力，宣布无条件释放曼德拉。不久，他被非国大全国执委任命为副主席，又于 1991 年 7 月当选为主席。同年，曼德拉被联合国教科文组织授予"乌弗埃－博瓦尼争取和平奖"。1993 年 10 月，诺贝尔和平委员会为表彰他为废除南非种族歧视政策所做出的贡献，授予他诺贝尔和平奖。同年他还与当时的南非总统德克勒克一起被授予美国费城自由勋章。1994 年 4 月，非国大在南非首次不分种族的大选中胜出，曼德拉成为南非有史以来的第一位黑人总统。1997 年 12 月，曼德拉辞去非国大主席的职务，并表示不再参加 1999 年的总统竞选。1998 年 9 月，曼德拉获美国"国会金奖"，成为第一个获得美国这一最高奖项的非洲人。他于 1999 年 6 月正式去职。

曼德拉的主要著作有《走向自由之路不会平坦》和自传《自由路漫漫》等。2000 年 8 月，南部非洲发展共同体授予曼德拉"卡马"勋章，以表彰他在领导南非人民争取自由的长期斗争中，在实现新旧南非的过渡阶段，以及担任南共体主席期间做出的巨大贡献。1992 年，曼德拉与 N·温妮弗雷德分居。1996 年 3 月，南非法院判定曼德拉与 N·温妮弗雷德离婚。1998 年 7 月，曼德拉与现任妻子格拉萨·马谢尔（莫桑比克前总统萨莫拉的遗孀）结婚。

1992 年 10 月，曼德拉首次访华，5 日被北京大学授予名誉法学博士学位。1999 年 5 月，曼德拉总统应邀访华，他是首位访华的南非国家元首。2013 年 12 月 5 日，曼德拉因病在家中去世，享年 95 岁。

姓　名：姓公孙，号轩辕氏
生卒年：不详
祖　籍：姬水
性　格：至圣至贤、英明神武
家　庭：父亲为部落酋长

华夏始祖 # 黄帝

黄帝像

黄帝是传说中中华民族的始祖。姓公孙，居轩辕之丘，故号轩辕氏。建国于有熊，亦称有熊氏。黄帝生性灵活，能说会道，道德情操高尚，被拥为西北游牧部族的首领。他联合炎帝，打败蚩尤率领的九黎部族，成为中原部落联盟的首领，被称为"黄帝"。

公元前 26 世纪左右，中原有两大部落联盟，其首领分别为炎帝和黄帝，据传皆少典氏后裔。炎帝长于姜水（渭水支流，今陕西岐山东），以姜为姓。其族沿黄河流域向东发展进入中原，成为黄河中游地区的强大部落联盟。黄帝长于姬水（即岐水，今陕西境内），以姬为姓，东进中原后，居于轩辕之丘（今河南新郑西），称轩辕氏（又称缙云氏、帝鸿氏、有熊氏）。通过与其他民族的联合，形成包括姬姓 12 部落的部落联盟。黄帝经常进攻附近不肯归附的部落，势力迅速扩大。炎帝也在不断扩大自己的势力，两大联盟终于爆发冲突。黄帝率领以熊、罴、貔、貅、虎、貙、䝙、鹰、鸢等为图腾的各部落，在阪泉之野与炎帝各部落交战。经过三次激烈的战斗，黄帝部落联盟终于获胜，初步建立了对中原地区的领导地位。

黄帝战胜炎帝之后，在中原地区初步取得领导权。但这个时候，活动于今河北南

名 人 轶 事

部及山东等地的以蚩尤和少昊为首的两个部落联盟也逐渐发展壮大。蚩尤部落联盟，相传由 81 个氏族和 9 个部族组成，史称"九黎"。为争夺生存空间和领导地位，蚩尤集团不断向中原地区扩展，与主要活动于黄河以北的炎帝部落联盟首先发生冲突，并将其击败。炎帝向黄帝求援。炎、黄两大部落联盟遂联合起来与蚩尤部落联盟进行斗争。经多次战争，最后在涿鹿之野展开决战，蚩尤战败被杀。九黎残余一部退向南方，一部归并于少昊部落联盟。此后，黄帝继续进行征服中原各族的战争，"凡五十二战而天下咸服"。

黄帝不仅在中华民族的联合统一上有功，而且在中华民族文明发展的许多方面都功绩显赫。是他叫史官仓颉创造文字，改变了过去结绳记事的笨拙办法。还叫臣子大挠创作甲子，就是用甲、乙、丙、丁、戊、己、庚、辛、壬、癸十个天干和子、丑、寅、卯、辰、巳、午、未、申、酉、戌、亥十二个地支相配，来记录年、月、日、时。又命令一个叫伶伦的乐师，用竹子做成三寸九分长的能发十二个音的律吕，校正各种乐器的声音，以便和谐地演奏。这样，天文、历法、文字、音乐都得以确立。

黄帝是中国氏族社会时一个部落的首领，是中国历史上最早的军事家，是中华民族共同的祖先。他加速了各部族的融合，为华夏文化的形成奠定了基础。因而黄帝被后人尊崇为中华民族的共同祖先，中国人也称自己为"炎黄子孙"。

指南车复原模型

姓　　名：姓嬴名政
生卒年：公元前 259 ～前 210
祖　　籍：秦国
出生地：邯郸
性　　格：英明、神武、残暴、偏执
家　　庭：出身于皇室。父亲为秦庄襄王

千古一帝 **秦始皇**

秦始皇，姓嬴名政，公元前 259 年，生于赵国邯郸。当时秦赵两国正在交兵，他的父亲异人作为人质被扣押在赵国，他们的处境相当危险。公元前 257 年，赵国战败，赵王想杀掉异人，异人在富甲天下的吕不韦的帮助下逃回秦国。赵王盛怒，要杀赵姬母子，赵姬怀抱嬴政藏了起来。风声过后，母子俩悄悄地回到了秦国。

秦始皇像

在吕不韦的资助下，异人回国后当上了太子，后又继承了王位，是为庄襄王。可是好景不长，公元前 247 年，即位不到三年的异人因病不治，早早归西。年仅 13 岁的太子嬴政顺理成章地成为秦王。吕不韦被尊为相国，主持朝政。大权落入太后赵姬、吕不韦和假宦官嫪毐手中。

公元前 239 年，也就是嬴政亲政的前一年，吕不韦和嫪毐不甘心放弃自己的权力，采取种种手段，力图保住自己的地位。同样，富有谋略的嬴政也不甘心听任吕不韦和嫪毐的摆布，一场激烈的政治斗争开始了。公元前 238 年，嬴政下令发兵镇压嫪毐叛乱，车裂嫪毐。因为嫪毐是吕不韦一手引荐的，嬴政也借机免除了他相国的职位。同年，秦王嬴政加冠亲政，独掌大权。

秦王嬴政安定了国内形势之后，开始进行统一六国的战争。他接受军事家魏缭的建议，用贿赂、离间等手段，采取分化瓦解、各个击破的策略，破坏了六国联合攻秦的计谋，为横扫天下做好了准备。从公元前230年灭韩，到公元前221年灭齐，嬴政用了十年时间，横扫六合，一统天下。

秦王结束了长期的封建割据局面，建立了中国历史上第一个多民族的中央集权的封建国家——秦。

统一全国后，嬴政开始着手建立中央集权的政治体制。他认为自己兼有三皇五帝的功勋，于是就定尊号为"皇帝"，自称"始皇帝"，他的子孙依次称为"二世"、"三世"以至于"万万世"。此外，秦始皇还命令博士制定了一套尊君抑臣的朝堂礼仪和文书制度，确立了皇帝的无上权威和最高意志。

为了加强秦国的统一和稳固，秦始皇对官制也进行了调整和扩充，建立了一整套从中央到地方的新的政府机构，创立了一套中央集权的制度。他在中央设立三公九卿的统治机构，在地方，废除了分封制，在全国实行郡县制，把全国分为36个郡，由中央直接管辖。秦始皇开创了中央集权的封建政体，就是所谓的官僚制度。它使分散的行政、军事和经济大权逐层向上集中，最后都集中到皇帝手里，大大加强了中央集权。这套制度一直沿用了两千多年，对中国历史产生了重大影响。

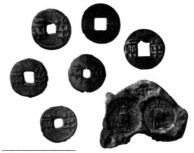

半两钱及钱范 秦

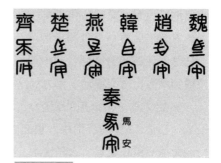

秦统一文字表

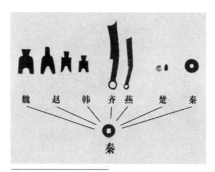

秦统一六国货币示意图

虽然天下统一了，但500年的分裂割据却造成巨大的地区差异，给地区之间经济、文化的交流，甚至中央政府的行政管理，都造成了极大障碍。对此，秦始皇首先采取"书同文，车同轨"的措施。他通令全国，一律改用标准文字小篆。他还下令编写识字课本，在全国范围内推行。秦始皇又统一规定车轨一律为六尺宽，这样，车辆就可以在全国各地通行无碍了。秦始皇还建立了四通八达的陆路交通网，并且连接了长江水系和珠江水系。文字的统一、交通的便利，促进了各地的经济、文化交流，中央政府对全国各地的控制也大大加强了。

秦始皇还统一了货币和度量衡。规定全国统一使用两种货币，一种是黄金铸造的上币，重二十两；另一种是铜铸的下币圆形方孔钱，半两一枚。他还颁布诏书，废除六国旧制，把商鞅变法时订立的秦国度量衡标准推向全国。秦始皇还统一了地亩、衣冠建制以及历法，这都促进了经济文化的发展，加强和维护了全国的统一。

中原地区稳定以后，秦始皇又着手巩固北部和南部的边防。公元前215年，秦始皇派蒙恬统兵北击匈奴，收复了河套地区，解除了北部边境的威胁。随后，秦始皇还把秦、赵、燕三国修筑的长城连接起来，建成了西起临洮，东至辽东的万里长城。秦始皇还在收复地区设置九原郡，移民实边，北部边防更加稳固。

在南方，秦始皇征服了百越，设立了会稽郡。公元前214年，又发兵攻占南越，设立桂林、象、南海三郡，从中原移民50万前去驻守，中原的先进文化和生产技术由此传播到南方，大大推动了南方经济文化的发展。

秦始皇是一个卓越的政治家，对历史的发展作出了巨大的贡献，堪称千古一帝。但是，在他12年的统治中，也充分暴露了他狂妄自大、专制暴虐、穷奢极欲的本性，严刑苛法、租役繁重、大兴土木、常年用兵，给人民带来了深重的苦难。此外，他焚书坑儒还严重地摧残了中国的文化。

万里长城

姓　名：刘彻
生卒年：公元前 156 ~ 前 87
祖　籍：长安（今西安）
性　格：雄才大略、风流多欲
家　庭：出身于皇室。父亲为汉景帝

汉武帝

雄才大略盛世主

汉武帝刘彻 16 岁登基，71 岁去世，在位 54 年，他的雄才大略造就了西汉盛世。

公元前 156 年 7 月 7 日，刘彻出生。4 岁时被封为胶东王，7 岁时，景帝改立刘彻为太子。在德高望重、多才多艺的卫绾的精心培养下，刘彻能文能武、有胆有识、思想活跃、心境开阔，具备了成为一代盛世君主的各项条件。

公元前 140 年，景帝驾崩，刘彻登基，是为汉武帝。武帝登基之时年仅 16 岁，国家政事决于太后。前 135 年，窦太后死，汉武帝亲政。他以董仲舒提出的"天人合一"的理论、"大一统"的思想和"罢黜百家，独尊儒术"的主张为依据，变通政治，进行改革。

汉武帝首先进行用人制度的改革，建立健全了一套文官选拔制度，其中包括察举、征召、太学养士等。采取这一系列措施后，汉初的军功贵族政府转变成文官政府，这是中国政治制度的一大进步。武帝不拘一格，招贤任能，使得这一时期人才辈出，比如大文学家司马相如，大史学家司马迁，大经学家董仲舒，大政治家公孙弘，大军事家卫青、霍去病，

汉武帝刘彻像

汉王室玛瑙印及印文 西汉
印上刻覆斗钮，可串绳，印面阴
文篆书"刘彻"二字方正平直，
布局严谨，雄浑大气。

大探险家张骞，大农学家赵过和大理财家桑弘羊，正是这些人的文才武略，帮助武帝开创了辉煌的西汉盛世。

为了进一步集中权力，确立自己的绝对威严，武帝先削弱相权，后又打击藩国。他采纳主父偃的建议，颁布"推恩令"，缩小诸侯的封地，削弱他们的政治军事实力。武帝还颁布了"左官之律"、"附益之法"以及"阿党法"，限制诸侯网络人才，结党谋逆。

武帝还采取了改革监察制度、制定法律、任用酷吏严惩违法官员、加强军备等措施，以维护改革成果，加强对地方的控制，增强中央政府对外作战和对内镇压的力量。

在经济改革方面，汉武帝以重农抑商为原则，推行"算缗法"、"告缗法"、"均输法"，统一货币，统一物价，将冶铁、煮盐、酿酒等归由国家垄断经营。在农业方面，推广代田法和耧车，大修水利，治理黄河等。这一系列措施促进了农业生产，增加了政府收入，为汉朝的强大奠定了经济基础。

为了消除边患，开疆扩土，武帝15次对匈奴用兵，两次派张骞出使西域，两次派李广利远征大宛，平定闽越和南越叛乱，开发西南夷，设立郡县，发兵东北征服高句丽

名 人 轶 事

金屋藏娇

公元前156年，汉景帝刘启的第10个儿子刘彻出生。刘彻一生下来就被封为胶东王，颇受景帝喜爱。虽然他的母亲王夫人怀孕时曾梦见太阳钻入怀中，预示着小孩子将来会大有作为，但王夫人毕竟不是皇后，他也不是长子，所以他并未被立太子。然而，长公主刘嫖却改变了他的命运。

长公主是景帝唯一的同母姐姐，景帝对她很重视。长公主有个女儿名叫阿娇，开始长公主想把阿娇许配给当时的太子刘荣，希望女儿将来能成为皇后。但长公主的要求遭到了太子的母亲栗姬的拒绝，长公主便将目光转向了刘彻。

有一天，她把4岁的刘彻抱在膝上，问他："你觉得阿娇好不好？"童言无忌，刘彻大方地回答说："好！如果能娶阿娇做妻子，我就造一栋金屋子来藏她。"长公主欣喜异常，为了让刘彻成为太子，就在景帝面前极力夸赞刘彻，诋毁太子刘荣和栗姬。终于，景帝废刘荣为临江王，立王夫人为皇后，立刘彻为皇太子。

这就是"金屋藏娇"的典故。

等部，使大汉雄风，扬威万里。

武帝晚年时极其迷信鬼神。有一次，武帝梦见数千个木人来打他，醒来后就病倒了。武帝立即怀疑有人以巫蛊诅咒他，就派江充去调查，江充无中生有，先后害死了包括武帝两个女儿和丞相公孙贺父子在内的数万人。后又诬陷太子，太子无奈假传圣旨捕杀江充，兵发长安，结果太子兵败自杀，皇后卫子夫也自杀而死。贰师将军李广利也被指控以巫蛊诅咒皇帝，迫使李广利投降了匈奴，致使7万汉军全军覆没。这次失败使武帝受到极大震动，他醒悟过来，诛灭了江充全家，为太子昭雪，建思子宫与归来望思之台，纪念太子。

"巫蛊之祸"促使武帝开始检讨自己的过失。公元前89年，武帝东巡途中祭祀泰山明堂时，对天地神灵和文武百官深切忏悔，同年6月，武帝下轮台罪己之诏，说："增加赋税以为军费，驻军轮台都是'扰劳天下'的行为，朕不忍为之，现在当务之急是禁除苛政，减少赋税，与民休息。"

汉武帝的文治武功、雄才大略不仅巩固了中国封建社会大一统的中央集权制度，确立了以汉族为主体的统一的多民族国家，促进了全国各族人民的团结，加强了中西方的交流，形成了著名的"丝绸之路"，而且还扩大了中国的版图，奠定了中国地大物博的基础以及今日中国之版图。汉武帝缔造了汉帝国的鼎盛之世，在历史上，西汉和唐朝并称"汉唐盛世"，均为世界强国。

"马踏匈奴"石雕
这是霍去病墓前众多石雕之一，是汉武帝为表彰霍去病出征匈奴的战功而建立的纪念碑。

姓　　名：曹操，字孟德，小名阿瞒
生卒年：155～220
祖　　籍：谯县（今安徽亳县）
性　　格：猜忌多疑、心狠手辣、英明果决
家　　庭：出身于大官僚家庭

曹　操

乱世雄杰

　　东汉的政治特点是宦官和外戚轮流专权，宦官的势力在桓帝和灵帝的时候达到了极致。也正是这一原因，生于东汉末年的曹操才有了显赫的身世背景。曹操的父亲曹嵩曾高居太尉一职，又是极受汉桓帝宠信的大宦官曹腾的养子，因此，曹氏家族可以说是位高权重，显赫一时。

　　189年，汉灵帝去世，14岁的少帝刘辩登基，何太后临朝听政，皇舅大将军何进受命辅政。何进对宦官集团一直恨之入骨，虽有曹操等人相助，还觉势单力孤，于是，他暗中招董卓进京，帮助他铲除宦官集团。董卓未至，何进已被宦官杀掉。董卓进京后，废掉刘辩，改立9岁的皇子刘协做了皇帝，他还自封丞相，独揽了汉朝大权。

　　董卓很赏识曹操的才干，但曹操却根本不想为他效力。为反对董卓的倒行逆施，曹操和关东的一些刺史、太守一起推举袁绍为盟主，起兵讨伐董卓。从此，东汉陷入了军阀割据的局面。

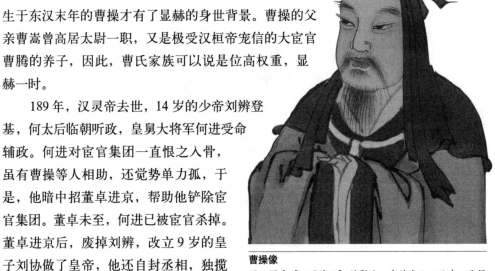

曹操像

国人深受《三国演义》的影响，在许多人心目中，曹操是个反面人物。实际上，曹操是一位雄才大略的政治家和军事家，他统一北方，使混乱的社会经济得到恢复，对于结束东汉末年的战乱功不可没。同时，曹操在文学上也卓有建树。

在讨逆过程中，盟主袁绍和其他刺史、太守都想坐收渔翁之利，害得曹操人马损失惨重，只得重新招募军队。当时，黄巾起义烈火遍地，曹操施展谋略，大败青州军，得降兵30万，组成青州兵，开始了统一北方的大业。

196年，曹操"挟天子以令诸侯"，在许昌建立了政治中心。为了保证军粮的供应，曹操采取了一系列的措施，比如，屯田、军屯、兴修水利、推广水稻种植等，不但解决了军粮问题，而且使农业生产得到发展，社会得到稳定，为统一北方创造了条件。

曹操一边发展生产、积聚力量，一边继续进行兼并战争，他先后消灭吕布、张绣、袁术等军阀势力，地盘不断扩大。

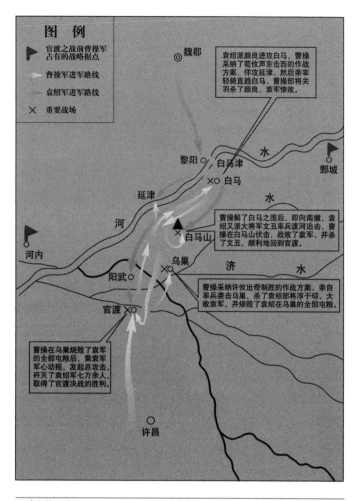

图例

官渡之战前曹操军占有的战略据点

曹操军进军路线

袁绍军进军路线

× 重要战场

魏郡

袁绍派颜良进攻白马，曹操采纳了荀攸声东击西的作战方案，佯攻延津，然后亲率轻骑直趋白马，曹操部将关羽杀了颜良，袁军惨败。

黎阳 白马津

白马 × ○ 鄄城

延津

曹操解了白马之围后，即向南撤，袁绍又派大将军文丑率兵渡河追击，曹操在白马山伏击，战败了袁军，并杀了文丑，顺利地回到官渡。

河 × 白马山 济 水

阳武○ 乌巢 ×

河内

曹操采纳许攸出奇制胜的作战方案，亲自率兵袭击乌巢，杀了袁绍部将淳于琼，大败袁军，并烧毁了袁绍在乌巢的全部屯粮。

官渡 ×

曹操在乌巢烧毁了袁军的全部屯粮后，乘袁军军心动摇，发起总攻击，歼灭了袁绍军七万余人，取得了官渡决战的胜利。

许昌 ○

官渡之战示意图
200年，曹操、袁绍北方势力中最大的两个政治集团战于官渡（今河南中牟东北）。曹操以弱胜强，一举消灭袁绍主力，为他统一北方奠定了基础。

曹操爱才如命、求贤若渴，他多次颁布招贤令，唯才是举。一时间曹操门下猛将如云，谋臣似雨，盛况空前。

200年，袁绍起兵10万进攻曹操，企图一举消灭曹军。当时袁绍人多势众，而曹操的军队很少，军粮又不够充足，但是曹操最终取得了官渡之战的胜利。接着曹操又率兵陆续占领冀、青、并、幽四州，一举消灭了袁绍的力量。此后，曹操还解除了游牧民族乌桓和鲜卑对北方边境的威胁，实现了真正意义上的北方统一，结束了汉末以来长期

衮雪帖

传说曹操带着文武百官，来到汉中石门栈道的衮谷。那里山清水秀，野花飘香，明净的衮水从山谷飞泻而下，撞在河心的一块巨石上，溅起朵朵水花，如同雪浪排空。曹操见此美景，不禁书兴大作，遂提笔写了"衮雪"二字。大家对他的书法赞叹不已，不过谁也不敢提"衮"字没有三点水的问题。有一个人壮着胆子问道："丞相大人，你的书法如此之好，只是'衮'字缺了三点水。"曹操听后仰天大笑，用手指着滚滚的衮水说："'衮'在水边，何以缺水？"这时大家才如梦初醒。1969年，石门修筑水库，人们将连同'衮雪'在内的汉魏13件刻石精品凿山刻石，移置汉中市博物馆内。

军阀混战的局面，恢复和发展了北方经济，为以后全国的统一奠定了基础。

曹操一直对孙权占据的江东，刘表领有的荆州虎视眈眈。208年，曹操发兵南下，兵不血刃，取得荆州，将刘备赶到了夏口。随后又率大军20万，进驻江陵。

为了对抗曹操，孙权和刘备组成联军，与曹操在赤壁展开决战。曹操的士兵大都是北方人，不习水性，为了便于作战，曹操就让工匠把所有舰船用铁链固定在一起，上面铺上木板，减少风浪的颠簸，人马如履平地。擅长水战的江东将领黄盖看出曹操连环船的弊病，就和都督周瑜设计采用火攻，使得曹操几乎全军覆没，狼狈地从华容道退回中原。赤壁之战失败后，曹操开始以防御为主，集中精力经营北方，三国鼎立局面形成。

曹操不仅是一位杰出的政治家、军事家，还是优秀的文学家、诗人，他是建安文学的倡导者和组织者，还留下了一些流传千古的佳作名篇。《步出夏门行·龟虽寿》、《短歌行》等都是传唱千年的佳作。

名 人 轶 事

宁可我负天下人，不让天下人负我

曹操谋刺董卓未遂，就逃离了洛阳，一路躲避董卓的捉拿。在回陈留的路上，逃到老朋友吕伯奢的家里。吕伯奢亲自去置办酒菜，款待他。这时曹操听到院子里有人说："先捆起来再杀。"

曹操是个疑心很重的人，他以为那些人知道董卓在通缉自己，要抓自己去报官。于是，他一口气杀了吕伯奢一家八口。杀完人之后，曹操才发现吕家的人是准备杀猪招待自己。于是，慌忙逃走。谁知路上又遇见打酒回来的吕伯奢，曹操干脆一不做，二不休，又拔剑杀了吕伯奢，还说"宁可我负天下人，不让天下人负我"。

姓　　名：李世民
生卒年：599 ～ 649
祖　　籍：陇西成纪
性　　格：深沉刚毅、英明神武、豁达大度
家　　庭：出身于显赫的士族家庭

唐太宗

四海独尊的天可汗

唐太宗李世民出身极其显赫的关陇士族家庭。他的曾祖父李虎是北周的开国元勋、八大柱国之一，受封为唐国公；他的祖父袭封唐国公，曾任隋朝的安州总管；他的父亲李渊是隋文帝杨坚的姨甥，7 岁就继承了唐国公的封号，后来还做了太原留守。

少年时的李世民聪慧过人，极有胆识，从小就受到很好的教育，骑射征战、文韬武略样样精通，很受李渊的喜爱。615 年，参加屯卫将军云定兴的勤王军队，受到云将军的夸奖。第二年，李世民随父参加镇压农民军的战争。

隋炀帝骄奢残暴的统治，引发了各地农民起义。在农民起义的打击下，隋军土崩瓦解，隋炀帝困守江都。就在隋朝的统治危在旦夕之时，深谋远虑的李世民积极鼓动父亲拥兵自立，起兵反隋。617 年 5 月，李渊在晋阳起兵，11 月攻占长安。618 年，隋炀帝在江都被杀，隋朝灭亡。5 月，李渊在长安称帝，建国号为唐。李世民因功被封为秦王，他的哥哥李建成以嫡长子身份，被立为皇太子，弟弟李元吉被封为齐王。

唐王朝建立后，24 岁的秦王李世民担负起统一天下的任务。618 年，李世民挂帅出征，先后讨平瓦岗军、河北窦建德、江淮杜伏威以及李轨、

唐太宗李世民像

名 人 轶 事

便桥会盟

公元 626 年，唐太宗刚刚登基，东突厥颉利可汗就率领 10 余万铁骑，兵临长安附近的渭水北岸。唐太宗沉着应战，一面调兵遣将，一面亲自出马和颉利可汗谈判。唐太宗只带了高士廉等 6 人飞马来到渭水岸边，颉利可汗及其部下大吃一惊。唐太宗隔河而立，义正词严地斥责颉利可汗背信弃义，这时，唐太宗调集的兵马也已经到达。颉利可汗见唐军士气旺盛，军容整严，自己又孤军深入，恐难取胜，只得和唐太宗在渭水便桥上杀白马祭天结盟，然后引兵北去。

薛举、刘武周、王世充等割据势力，到 623 年，李世民用了 4 年零 1 个月就统一了全国，成为李唐王朝的大功臣。李世民卓越的军事才能和超群的胆识，使他的威望越来越高，权力也越来越大。他不仅统领三军，掌握兵权，还担任尚书令，位居宰相。李世民还利用自己领兵挂帅，四方征战之机，网罗了大批文臣武将，在他周围形成了一个强大的政治集团。

李世民显赫的政治、军事地位，引起了他的哥哥太子李建成和弟弟齐王李元吉的嫉恨。李氏兄弟开始了权力之争，而且愈演愈烈，最终酿成玄武门之变。武德九年（626 年）六月，李世民在玄武门设下伏兵，趁太子建成和齐王元吉入朝的时候，突然发动兵变，亲手射死了哥哥李建成，他的弟弟李元吉也被尉迟敬德杀死。然后李世民又杀死了李建成和李元吉所有的儿子，李渊只得改立李世民为皇太子。两个月后，李渊被迫退位，改称太上皇。李世民即皇帝位，第二年，改年号贞观。

唐太宗李世民吸取隋朝二世而亡的深刻教训，采取了很多有效措施，恢复发展生产，稳定社会秩序，使中国的封建社会再次走向繁荣。

步辇图 唐 阎立本
此图描绘唐太宗会见吐蕃赞普派来迎娶文成公主的使者禄东赞的情景。

李世民便桥会盟图　辽　陈及之
此图是唐太宗李世民在长安近郊的便桥与突厥颉利可汗结盟。图中右侧全为突厥人，下跪者即颉利可汗。

唐太宗积极推行轻徭薄赋，休养生息的政策，大力推行均田制，满足了农民对土地的要求，调动了农民的生产积极性。为了保障农民的劳动时间，唐太宗还实行了租庸调制，允许以绢布代替徭役，还尽量减少徭役的征发。

唐太宗既有识人之能，又有用人之量，他不论出身高低，唯才是举。他重用了一大批原来李建成和李元吉的亲信，其中最著名的就是魏徵。为了选拔人才，唐太宗还完善了隋朝的科举制，使更多的有才之士，尤其是中下层的地主阶级知识分子，能够参加到政权中来。唐太宗还善于纳谏，对于直言进谏的大臣，唐太宗总是给以重赏。唐太宗以人为镜明得失，更是成为千古美谈。

当国内形势好转之后，唐太宗开始经略边疆，他首先消灭了东突厥，控制了南起阴山，北到大漠的广大地区。他采用了比较开明的民族政策，封突厥首领以高官，把投降的突厥人安置在幽州到灵州一带，在东突厥故地设置了六个都督府进行治理。此后，薛延陀、回纥、仆固等部落相继归附，尊唐太宗为"天可汗"。

消灭了东突厥之后，唐太宗开始进攻西域，先后降服了吐谷浑、高昌、西突厥，恢复了中西商路，远近40多个国家的使节来到长安，与唐朝通好。唐朝和各国发生了密切联系，成为当时世界上最强大的国家之一。

唐太宗还和青藏高原上的吐蕃建立了友好的关系，将文成公主嫁给了松赞干布，开创了汉族和吐蕃人民交往的新篇章。唐朝先进的生产技术和文化传入吐蕃，对推动吐蕃的经济文化发展起了巨大作用。

从626年登基到649年去世，唐太宗在位共23年，他在位时期，政治开明，经济发展迅速，社会也比较安定，后人称为"贞观之治"。

姓　名：武媚娘
生卒年：624～705
祖　籍：并州文水（今山西文水）
性　格：狠辣、大度、爱才、风流
家　庭：出身于官僚地主家庭。母亲为
　　　　隋朝宗室杨达的女儿

武则天

中国唯一的女皇帝

武则天像

　　武则天自幼才貌出众，机敏过人。637年，14岁的武则天被太宗召进宫，立为才人，赐号"武媚"。虽得太宗宠爱，但又移情太子李治。武媚天性刚强，心肠狠毒，加之时有"唐三世之后，有女主武王取代帝王"的传言，因而太宗对武媚心生防备，再未加封。649年，太宗驾崩，武则天和所有嫔妃削发出宫入长安感业寺为尼。

　　武则天心机非同一般。654年，武则天借力王皇后，重又进宫，被封为昭仪。从此，她就开始运用谋略，先得皇后之位，再夺李唐江山。这期间，她使尽种种手段，掐死亲生女儿，嫁祸王皇后，迫使高宗废掉皇后。而后又逼死长孙无忌，处决上官仪等反对自己的士族官僚官员。660年受高宗委托处理朝政，后又垂帘听政，与高宗并称"二圣"。大权在手，她仍不满足，罢免异己，毒死亲生儿子李弘，几次废立太子，终于达到自己的心愿，改唐为周，建都洛阳，自称圣神皇帝。真是权力欲不让须眉。

　　武则天天资聪颖，文史皆通，颇具政治才能。她采取了很多措施，不但巩固了自己的地位，还维持了社会安定，海内富庶，使得唐朝进一步走向繁荣。

　　她善用刑赏大权，用酷吏剪除异己，大杀唐宗室皇亲国戚以及大臣，巩固自己的地位。后为收买人心，又杀酷吏。她还设置告密制度，使得满朝文武诚惶诚恐。武则天虽然心狠手辣，但也虚心纳谏，颇有太宗之风。她还善用人才，以各种方式选拔，自举、

武则天墓前无字碑，在今陕西乾县乾陵。

试官、贡士殿试、设员外官、武举等。武则天虽然爱用俸禄收买人心，但她统治期间，也确实选用了大批有才能的大臣，文臣杜景俭、狄仁杰、张柬之、姚崇、宋璟等，武将娄师德、唐休璟、郭元振等，都是能治国安邦的人才。

在经济方面，武则天也颇有见地。673 年，她在《建言十二事》施政纲领中提出革新政见，主张"劝农桑、薄赋徭"，注意兴修水利，奖励农业生产，还在边远地区屯田，所积军粮可用数十年。

武则天的军事才能体现在防御外敌上，她采取积极防御的措施，抵制了突厥、吐蕃、契丹等外族的掠夺和骚扰。692 年，还收复了失去 20 年之久的安西四镇，设置安西、北庭都护府，使碎叶河流域等大片土地重归大唐。这些措施对防御外患，开通中外交流，密切各民族交往起到了积极的作用。

晚年的武则天奢豪专断，弊政颇多。705 年，也就是神龙元年，五王在张柬之的带动下发动宫廷政变，逼迫武则天还政中宗。这一年冬天，武则天辞世，遗诏"令去帝号，称则天大圣皇后"。中国历史上唯一一位女皇帝，回归女位，享受李氏子孙的香火。

名 人 轶 事

武则天的无字碑

女皇武则天的"无字碑"在乾陵武则天墓旁。武则天为唐高宗树碑立传，因何为自己树碑而不立传呢？自唐以后，千余年来，人们对此有种种说法。一说，武则天立"无字碑"是用以夸耀自己，表示功高德大非文字所能表达；二说，武则天立"无字碑"是因为自知罪孽重大，感到还是不写碑文为好；三说，武则天是一个有自知之明的人，立"无字碑"是聪明之举，功过是非让后人去评论。还有少数人认为，武则天觉得死后与唐高宗合葬，称呼自己是皇帝还是皇后，都难落笔，因为不管这种想法是出于其骄傲抑或谦虚，武则天曾君临天下则是不可回避的事实。总之，武则天立此"无字碑"，给后人出了一道难题，至今人们还是猜不出这位女皇的真正用心。

武则天驯马

西域给太宗进贡一匹名叫"狮子骢"的宝马。这匹马能够日行千里，但却性烈难驯，许多年轻力壮的骑士对它都无能为力。就连有半生军旅生涯、骑术精湛的唐太宗也被掀翻下来，他无可奈何地望着这匹宝马不住摇头叹息。不料刚入宫不久的武媚娘却奏称："只要给我三样东西，就能降服它。也就是一支皮鞭、一柄铁锤、一把锋利的刀子。先用皮鞭打得它皮开肉绽，死去活来。还不听话，就用铁锤敲它的脑袋，使它痛彻心肺。如果仍不能制服它的暴烈性情，就干脆用刀子割断它的喉咙。"唐太宗阅人无数，从乱世中杀出来的英雄，还从来没有见过如此心肠坚硬、狠毒的女人，不由得对这个当时才十四岁的小女子起了戒心。

姓　名：赵匡胤
生卒年：927 ～ 976
祖　籍：涿州
性　格：雄才大略、心机深沉、宽仁贤明
家　庭：出身于将门。父亲赵弘殷为后唐禁军飞捷指挥使

宋太祖

大宋王朝缔造者

宋太祖赵匡胤像

宋太祖赵匡胤出生于 927 年 2 月，父亲赵弘殷是后唐禁军飞捷指挥使。生逢五代乱世的赵匡胤聪明颖悟，文武双全，从小就有驰骋沙场、建功立业的雄心壮志。949 年，赵匡胤投身于枢密使郭威帐下。因为他的军事才能和胆识，先后被提拔为禁军东西班行首、开封府骑兵指挥官、禁军掌控、殿前都虞侯以及忠武军节度使兼殿前都指挥使，成为后周禁军的高级将领。随着在禁军中威望越来越高，大权在握的赵匡胤有了夺取后周天下的野心，开始谋划自己的帝王大业。

960 年正月，才略过人的后周世宗柴荣去世，年仅 7 岁的柴宗训继位为帝。赵匡胤抓住时机，发动陈桥兵变，逼迫小皇帝把皇位禅让给他，赵匡胤登基，也就是宋太祖，建国号宋，改元建隆，建立了北宋王朝。

为了巩固自己的皇权地位，宋太祖对中央和地方官僚体制进行了一系列的改革。

宋太祖为了避免自己的故事重演，通过"杯酒释兵权"，削去了有功将领们的兵权。他还将禁军的侍卫司分为侍卫步军司和侍卫马军司，与原来的殿前司合称三衙，统领禁军。任命资历较浅的军官做指挥使，将调兵权给了枢密院，后勤供应交给三司，大权集中到皇帝手中，禁军真正成为皇帝的亲兵。为削弱宰相的权力，宋太祖设"参知政事"为副相，分割宰相的行政权，设枢密使为"使相"，分割宰

名 人 轶 事

杯酒释兵权

五代时期，每个王朝都是被节度使或者禁军统帅夺去了皇位的。宋太祖为避免此种事情也在自己身上发生，于是决定想办法削弱将领们的兵权。宋太祖先是趁着义社兄弟集会之际，试探兄弟们对自己的忠心。

然后，宋太祖召义社兄弟、功臣勋将们进宫赴宴。他叹息着说："多亏各位扶持，我才有今天，你们的功德，我永远都忘不了。可是你们哪里知道，做天子还不如做节度使快乐。"众人惊问为何，宋太祖说道："这有什么不明白的，有谁不想当皇帝？"众人连连叩头，说："陛下何出此言？如今还有谁会有二心呢？"宋太祖平静地说："未必吧！就算你们没二心，难保你们的部下没有贪图富贵之人。一旦他们把黄袍加到你们身上，只怕也由不得你们了。"众将吓得连忙叩首，说道："臣等愚昧，恳请陛下给我们指点一条明路。"宋太祖说："各位不如解去兵权，多买良田宅院，尽情享受一番。我们君臣无猜，相安无事，岂不很好？"

第二天，众将帅纷纷上书称病辞官。宋太祖立即免去他们的职务，赏赐大量的钱财给他们。

这就是宋太祖"杯酒释兵权"的故事。

相的兵权，设三司使为"计相"，分割宰相的财权，降低了宰相的地位。还采用官、职分离的差遣制度，巧妙地剥夺了后周旧臣的实际权力，消除了他们对赵宋王朝的威胁。而且差遣的官吏都是临时的，不会形成割据势力。他差遣到各地的州郡长官统统由文臣担任，还在各地设置通判，监督州郡长官，使二者互相牵制，以加强中央对地方的控制。

宋太祖还采取措施削弱地方藩镇的势力，把地方的行政权和财权都收归中央。废除了节度使制度，派文臣出任地方行政长官。由中央直接派人主持地方税收，不许藩镇插手，而且规定地方赋税收入，除本地行政开支所需外，全部运归中央。

稳固了统治之后，宋太祖就开始谋求南北统一，从 963 年开始，宋太祖以及后来的宋太宗先后消灭了南平、后蜀、南汉、吴越、闽、南唐、北汉诸国，使得中原和广大南方地区得到了统一。

宋太祖对中央和地方官僚体制的改革，把国家大权集中到皇帝手里，中国封建的专制皇权进一步发展。976 年，宋太祖驾崩于万岁殿，他的死成为千古不解之谜。

陈桥兵变遗址

今河南封丘陈桥镇，门前立碑，碑文为"宋太祖黄袍加身处"。

姓　　名：名铁木真，即元太祖
生卒年：1162～1227
祖　　籍：蒙古高原斡难河畔（今鄂嫩河，蒙古国东北边境）
性　　格：雄才大略、深沉坚韧
家　　庭：父亲也速该为部落首领

成吉思汗

纵横欧亚的一代天骄

成吉思汗像

　　1162年，铁木真出生在蒙古草原尼伦部贵族孛儿只斤氏家里。铁木真的父亲也速该因为作战英勇，被推举为尼伦诸部的领袖，后来在部落的仇杀中丧命，孛儿只斤家族败落，铁木真一家陷入困境。

　　青少年时的铁木真武艺超群，才智过人，远近闻名。为了重振家业，铁木真去找父亲的安答（结义兄弟）克烈部首领王罕。在王罕的庇护下，铁木真开始积聚力量，势力迅速壮大。后来，铁木真迁居到怯绿连河上游的桑沽儿小河，建立了自己的营地，铁木真被推举为部族的汗。

　　1196年，铁木真联合王罕，配合金国军队，在斡里札河围歼了反叛金国的塔塔儿部，杀死了他们的首领，报了父祖之仇。战后，金国封王罕为王，任命铁木真为招讨使，铁木真名声大振。此后，他又战胜了篾儿乞等部，攻取呼伦贝尔草原。1202年，铁木真彻底歼灭塔塔儿部，占领了西起斡难河，东到兴安岭的广大地区。1203年，王罕与铁木真反目，大战于合兰真沙陀，铁木真大败。随后，铁木真重整旗鼓，发动突然袭击，大败蒙古族最强大的克烈部，王罕父子逃亡后被杀。

　　1204年，铁木真征服了蒙古草原上唯一能和自己对抗的乃蛮部的首领太阳罕。1206年，统一了西起阿尔泰山，东到兴安岭的整个蒙古草原。各部贵族在斡难河源头举行盛大集会，推举铁木真为大汗，建立了强大的蒙古帝国。随后，成吉思汗开始建立蒙古帝国的国家制度。

蒙古宴乐图　元

此画反映了元朝官员宴宾的场面。宴饮是节日期间的主要活动，元代宫廷的"诈马宴"，规模宏大。参加诈马宴的人，按规定要穿一色的"质孙服"，还要把坐骑打扮得整整齐齐，按时入宫。宴会有固定的程序，首先要由贵族大臣朗诵成吉思汗的"大扎撒"，开宴后则有歌舞百戏助兴，到日暮时才散宴。

成吉思汗的黄金家族是蒙古国的最高统治集团，拥有全部的土地和百姓。他按照分配家产的方式，将百姓和土地分给自己的子弟亲族。成吉思汗推广了千户制度，将全蒙古的百姓划分为95千户，任命蒙古的开国功臣以及原来的各部贵族担任那颜（意为千户长），世袭管领。为了维护自己的至高无上的统治地位，成吉思汗还建立了一支由大汗直接控制的人数达1万人的常备护卫军。这支强大的护卫军成为巩固蒙古帝国、进行对外战争的有力工具。

成吉思汗还根据畏兀儿文字创造了蒙古文字，用这种畏兀儿蒙古文发布命令，登记户口，编订法律，大大加强了统治，推进了蒙古文化的发展。

成吉思汗又任命自己的养子失吉忽秃忽为大断事官，负责分配民户，后来又让他掌管审讯刑狱等司法事务。成吉思汗还制定了蒙古法律"大札撒"，作为全部蒙古人民都要遵守的准则。法律的制定，对于安定社会，加强蒙古政权的统治起到了积极的作用。

蒙古帝国建立之后，成吉思汗开始向外扩张。他先后三次入侵西夏，迫使西夏称臣纳贡，并随同蒙古一同进攻金国。1211年，成吉思汗南下进攻金国，1215年，攻占了中都燕京。

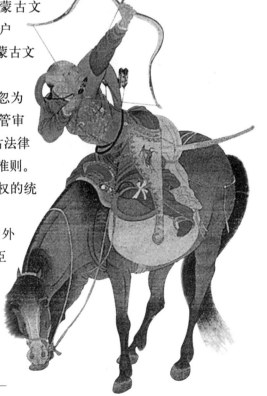

骑射图　蒙古

此图绘着箭在弦上蓄势待发的瞬间，表现出蒙古人的矫健，很有"弯弓射大雕"之势。

成吉思汗铜像

成吉思汗使他的受害者激起了无限的恐怖，但在他继承者的心目中激起了野心。有一位同时代人曾经写道，他的继承者们都"效法他那恶毒的狡诈"。

1219 年，成吉思汗踏上征讨花剌子模的万里西征之路。1221 年，成吉思汗占领花剌子模全境以及中亚的许多地区。1220 年，成吉思汗连破花剌子模的要塞不花剌、撒麻耳干等城，花剌子模逃往里海一带，成吉思汗穷追不舍。1222 年，血洗花剌子模中心城市玉龙杰赤后，派军深入巴基斯坦、印度追击逃敌。之后，大军继续西进，征服了阿塞拜疆，横扫伊拉克，并于 1223 年跨过高加索山，在阿里吉河打败俄罗斯与钦察联军，随后长驱直入俄罗斯境内，一直打到克里米亚半岛、伏尔加河流域、多瑙河流域。他将征服的广大国土分给三个儿子，建立了钦察汗国、察合台汗国和窝阔台汗国。1222 年，成吉思汗决定东归，1225 年，回到蒙古，这场持续 7 年的西征终于结束。成吉思汗的西征，创造了世界历史上的奇迹。

1226 年，成吉思汗再次进攻西夏。1227 年 7 月，成吉思汗病死军中。同月，西夏灭亡。成吉思汗死后，他的子孙们继续他未竟的事业，攻灭西夏、金国、南宋，建立起一个空前庞大的大帝国。元朝建立后，成吉思汗被追尊为元太祖。

成吉思汗的辉煌战绩在中国乃至世界战争史上都是无与伦比的，因此被尊称为"一代天骄"。

名 人 轶 事

班朱尼河之誓

1203 年，和铁木真以父子相称的王罕开始进攻铁木真。铁木真与王罕大战于合兰真沙陀，这是铁木真生平最艰苦的一次战斗。结果大败，只带领 19 人落荒而逃。逃亡途中经过班朱尼河时，铁木真和伙伴们饮河水立誓："如果我建立大业，一定和追随我到此的兄弟同甘共苦，如果违背誓言，就像这河水一样。"这就是蒙古历史上著名的班朱尼河之誓。后来，同饮班朱尼河水的人都被封为功臣。

姓　　名：朱元璋，幼名重八，字国瑞
生卒年：1328～1398
祖　　籍：濠州钟离
性　　格：勇敢、坚强、英明、狠毒、多疑
家　　庭：出身于贫苦农民家庭。父母早逝

明太祖

明王朝的缔造者

　　明太祖朱元璋出身贫农，少时在皇觉寺为僧。元末农民起义爆发后，朱元璋于元至正十二年（1352年）参加郭子兴部红巾军，由于作战勇敢，才华出众，受到郭子兴的赏识和提拔，郭子兴死后，朱元璋成为起义军领袖。

　　掌握兵权之后，朱元璋决定在集庆建立自己的根据地。他首先破釜沉舟，背水一战，率军拿下太平，然后，又用了半年的时间，扫清了集庆（今南京）外围的元军和地主武装。1356年春，朱元璋亲率水陆大军，占领了集庆，改名为应天府，并在应天设置大元帅府，他被任命为江南等处行中书省平章。这时，他已经统兵十万。

明太祖朱元璋像

　　1357年，朱元璋把朱升"高筑墙，广积粮，缓称王"的建议当作建立大明朝的行动纲领，还特意在应天设立了礼贤馆，搜罗了许多知识分子，借助他们的政治经验和谋略，来帮助自己夺取天下。

　　苦心经营建立起了一支强大的队伍后，朱元璋决定逐鹿中原、决战天下。通过鄱阳湖之役，朱元璋消灭陈友谅，控制了长江中下游的广大地区。1364年正月，自立

锦衣卫木印

这封木制印信是由大理寺、都察院、刑部会同刻制的，印文是"锦衣卫印"。明朝宦官的弟任等人荫袭锦衣卫官的很多，成为皇帝耳目。

为吴王，以"皇帝圣旨，吴王令旨"的名义发布命令。然后朱元璋又先后消灭了张士诚、方国珍、陈友定，攻克两广，统一了中国南部除四川、云南以外的地区。1368年正月，朱元璋在应天称帝，定国号为大明，年号洪武。朱元璋就是后来的明太祖。1368年7月，明军攻陷大都，元朝灭亡。1387年，朱元璋平定辽东，完成了统一天下的大业。

为了维护和巩固自己的统治，朱元璋开始着手治理百废待兴的国家。

朱元璋接受刘基的建议，让李善长主持制定新法，整顿纲纪。1397年，几经修改的《大明律》正式颁布。朱元璋还3次下令编辑刊刻《大诰》，汇集1万多件案例，要求每户一册。

除了严肃法纪，朱元璋还改革了行政机构，加强中央集权。在地方，朱元璋废除了元朝的行省制度，改设承宣布政使司，简称布政司，按照皇帝的意思管理地方政务。同时，还在地方设都指挥使司管理军事，设提刑按察使司管理司法。这3个机构既各自独立，又彼此牵制，都直接听命于朝廷。在中央，朱元璋废除了丞相，把丞相的权力分给吏、户、礼、兵、刑、工六部，六部长官直接对皇帝负责。在军事上，朱元璋设大都督府管理军政，又分大都督府为前后左右中五军都督府。这些措施大大加强了中央集权，并把一直发展的君主专制推向顶峰。

为了加强对臣民的监督和控制，朱元璋设立特务组织，如巡检司和锦衣卫，来监视大小官员的活动。朱元璋还经常亲自微服出访，对臣下进行考察。

"狡兔死，走狗烹；飞鸟尽，良弓藏"在朱元璋这里有了很好的应验，他怕臣下觊觎他的皇位，就大肆诛杀功臣。其中最让人震惊的当属胡蓝之案，诛杀胡惟庸、蓝玉之后，朱元璋还借题发挥，杀掉了大批官员。胡惟庸一案，朱元璋共杀3万多人，蓝玉一案，被杀的多达1.5万余人，开国的元勋宿将，几乎一网打尽。

1398年，71岁的朱元璋病逝，葬在南京钟山下的孝陵。

姓　　名：爱新觉罗·玄烨
生卒年：1653 ~ 1722
性　　格：英明、睿智、果敢、勤奋、仁厚
家　　庭：出身于皇室。父亲为顺治皇帝

康熙

宏图远略的东方大君

康熙读书像

　　清圣祖康熙皇帝的名字是爱新觉罗·玄烨，他8岁登基，是清入关后的第二位皇帝。

　　1661年，年仅24岁的顺治帝患天花去世。临崩前遗诏，立8岁的玄烨为皇太子，命索尼、苏克萨哈、遏必隆、鳌拜四大臣辅政。后来，鳌拜自恃功高，专擅朝政，制造冤狱，打击异己，根本不把康熙放在眼里。甚至在康熙亲政时，还不甘心交出大权。少年康熙自然不能容忍，他从各王府中挑选亲王子弟100多名做他的侍卫，组成善扑营，练成高超的蒙古摔跤技艺。康熙八年（1669年），也就是康熙16岁那年，他联合内大臣索额图，利用善扑营子弟智擒专权跋扈的鳌拜，宣布了鳌拜30条大罪，禁锢终身。康熙夺回大权，从此开始了他的宏图伟业。

　　1673 ~ 1681年，康熙充分发挥了满洲八旗的军事优势，制定了重点打击吴三桂、争取其他叛军中立、归降的策略，平定了长达8年的三藩之乱。

　　1682年，康熙借胜利之势，派姚启圣、施琅为将，攻陷台湾，设置台湾府，将台

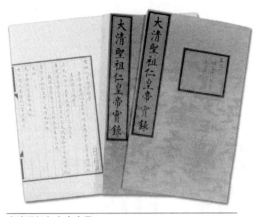

大清圣祖仁皇帝实录
该书详细地记录了康熙皇帝运用智谋，以近乎童稚的布库游戏擒拿权臣鳌拜的史实。

湾置于清朝政府的统一管辖之下，台湾成为中国领土不可分割的一部分。

南方战事一结束，康熙就开始谋划抗击不断向东扩张的沙皇俄国。通过两次雅克萨之战，沙俄被迫请求清军撤围，以黑龙江流域的广大领土"皆我所属之地，不可弃之于俄罗斯"为原则，双方签订了《尼布楚条约》，划定中俄东段边界，从法律上肯定了黑龙江和乌苏里江流域的广大地区都是中国的领土。

接着，漠西蒙古准噶尔部发动叛乱，康熙三次御驾亲征，使准噶尔部大汗噶尔丹陷入绝境服毒自尽。平定噶尔丹之后，康熙趁机加强了对青海和西藏的控制。

康熙励精图治，在经济、政治、文化等方面都取得了突出的政绩。他不但解决了水患和漕运问题，还废除了圈地政策，奖励垦荒，发展农业。为了恢复生产，康熙还多次减免赋税，并把丁银的总额固定下来，规定以后增加人口，永不加赋。这减轻了农民的负担，对于经济发展也有很大好处。他还压缩官营手工业，宫廷官府用品改为向商人购买，这些都有利于促进资本主义萌芽的发展，从康熙年间开始，全国许多的手工业城镇日益兴盛起来。

康熙帝一生崇尚文教，优容文士，他苦研儒学，表倡程朱理学、开博学鸿儒科，设馆纂修《明史》，编纂《古今图书集成》、《全唐诗》、《佩文韵府》、《康熙字典》、《朱子全书》、《性理大全》、《大清一统志》等。康熙大规模地编纂书籍，对整理保存古代文献、振兴文教事业、促进学术文化繁荣，做出了很大的贡献。

康熙在位 61 年，他凭借自己卓越的军事才能和政治远见，励精图治，勤勉治国，开创了康乾盛世，为国家的统一、边疆的稳定、经济的发展做出了巨大的贡献，为大清朝的强盛奠定了坚实的基础。他的文治武功，在历代封建帝王中都是极为突出的。

名 人 轶 事

玄烨是顺治皇帝的第三个儿子，他的生母佟佳氏是汉族人。玄烨 6 岁时，有一次和哥哥福全、弟弟常宁进宫给父皇请安。顺治皇帝就问几个儿子："几位皇子，朕问你们，你们长大后有什么志向啊？" 3 岁的常宁还不会说什么，福全因为是庶妃所生，地位很低，说话也就没了底气，只说愿意做一个贤王；只有玄烨人小志大，他高声回答："我要像父皇一样，勤勉治国。"

姓　　名：曾国藩，字伯涵，号涤生
生卒年：1811 ～ 1872
祖　　籍：湖南湘乡
性　　格：坚忍、忍耐、百折不挠
家　　庭：出身于农家。父亲曾麟书为塾师秀才

曾国藩

中兴大清的官场楷模

曾国藩像

曾国藩祖辈以农为主，生活较为宽裕。曾国藩自幼天资聪明，勤奋好学，"日以读书为业"。28 岁考中进士，从此踏上仕途，并成为军机大臣穆彰阿的得意门生。10 多年间，他先后任翰林院庶吉士，累迁侍读，侍讲学士，文渊阁直阁事，内阁学士，稽查中书科事务，礼部侍郎及署兵部、工部、刑部、吏部侍郎等职，可谓官运亨通。

曾国藩是清王朝由盛世转为没落、衰败的过渡、动荡时期的重要人物，他在当时的政治、军事、文化、经济等各个方面都产生了极大的影响，正是由于曾国藩等人的力挽狂澜，才一度出现"同治中兴"的局面。曾国藩毕生追求立德、立功、立言，是儒学文化最典型的实践者，他克己、修身、齐家、治国、平天下，实现了书生报国的愿望。

太平天国起义爆发后，曾国藩在湘潭集结组建陆军 13 营、水师 10 营，加上勤杂人员共 1.7 万余人的湘军，担负起镇压太平天国的重任。曾国藩历尽千辛万苦，几度出生入死，终于在同治三年（1864 年）攻破天京，镇压了中国历史上规模最大的农民起义。他被封为一等毅勇侯，成为清代文人封武侯的第一人，加太子太傅、兵部尚书衔，又历任两

穆彰阿与乙丑同年雅集图（局部） 清

江总督、直隶总督，取得军政大权。由一介书生而成为一个统领群伦的"中兴"名臣。

曾国藩等人的崛起，打破清王朝只重用满人，防范汉人的传统，彻底改变了清朝的权力格局，对晚清政治、军事的发展产生了巨大而深远的影响。

1870年，天津爆发教案，曾国藩奉旨查办，在办理此案的过程中，曾国藩处理国人，取媚洋人，被天下人所唾骂。

曾国藩还是洋务运动的最早发起者之一，在镇压农民起义的过程中，他重视使用西洋枪炮洋船，他提出"师夷智以造炮制船"，先后设立安庆军械所、江南机器制造局，仿制洋枪洋炮。虽然洋务运动没有能挽救大清王朝的灭亡，但是却推进了中国的近代化进程。

"不为圣贤，便为禽兽；莫问收获，但问耕耘。"这是曾国藩撰写的一副对联，透过这副对联可以看出曾国藩的理学修养是极为深刻的。曾国藩的文章也极为出色，还是桐城派的领袖。

名 人 轶 事

曾国藩故居

"富厚堂"又名毅勇侯第，是曾国藩的侯府，位于湖南省双峰县荷叶镇富托村，全宅占地60余亩，建筑面积近1万平方米。富厚堂藏书楼建于同治六年（1867年），分"公记"、"朴记"、"芳记"三部分，"公记"收藏的是曾国藩读过、批示过的书籍，以经、史、子、集、地方志、家藏史料及宋元旧椠为主；"朴记"收藏的是曾国藩长子曾纪泽常用书籍；"芳记"为其次子曾纪鸿夫妇藏书。

曾国藩故居"富厚堂"内，藏书曾达30余万卷，超过近代史上著名的私人藏书楼山东聊城海源阁、江苏常熟铁琴铜剑楼、浙江归安陆宋楼、杭州八千卷楼，是当之无愧的近代私人藏书第一楼。

曾国藩的个人修养也达到了很高的境界，他勤于求教，不耻下问，博览群书，才华横溢。他常用"勤"、"俭"、"谦"三个字来教育子女，用一个"诚"字教育弟子。

姓　名：孙中山，名文，字德明，号日新、逸仙
生卒年：1866～1925
祖　籍：广东香山（今中山市）人
性　格：积极进取、勇于创新、百折不挠
家　庭：出身于农民家庭

孙中山

结束帝制的革命先行者

　　孙中山出生于广东香山翠亨村一个普通的农民家庭，10 岁入村塾读书，12 岁随母赴檀香山。他的长兄孙眉资助孙中山先后在檀香山、广州、香港等地比较系统地接受西方式的近代教育。1883～1885 年的中法战争中，孙中山目睹清政府的无能、专制和腐败，开始产生反清和以资产阶级政治方案改造中国的思想，经常发表反清言论，同时与早期的改良主义者何启、郑观应等有所交往。1892 年，孙中山毕业于香港西医书院，随后在澳门、广州等地一面行医，一面结交反清秘密会社，准备创立革命团体。

　　1894 年 11 月，孙中山从上海去檀香山，组织兴中会，以"驱除鞑虏，恢复中华，创立合众政府"为誓词，是为中国资产阶级第一政治团体。1895 年 2 月，在香港联合当地爱国知识分子的组织辅仁文社，建立香港兴

孙中山像

中会。同年 10 月，兴中会密谋在广州起义，事泄失败。孙中山被迫亡命海外。1896 年 10 月，在英国伦敦曾被清公使馆诱捕，经英国友人营救脱险。此后，孙中山详细考察欧美各国的政治经济状况，研究了多种流派的政治学说，并与欧美各国进步人士接触，产生了独具特色的民生主义理论，三民主义思想由此初步形成。

　　1905 年 8 月，孙中山与黄兴等人，以兴中会、华兴会等革命团体为基础，在日本

孙中山书"天下为公"横批

东京创建全国性的资产阶级革命党中国同盟会，孙中山被推举为总理，他所提出的"驱除鞑虏，恢复中华，创立民国，平均地权"的革命宗旨被采纳为同盟会纲领。在同盟会机关报《民报》发刊词中，孙中山首次提出民族、民权、民生三大主义。同盟会的成立，有力地促进了全国革命运动的发展。

1911年10月10日，武昌起义爆发，各省纷纷响应。孙中山在美国得知消息后，12月下旬回国，被17省代表推举为中华民国临时大总统。1912年1月1日，在南京宣布就职，组成中华民国临时政府。1912年2月12日，清朝宣统帝（溥仪）被迫宣布退位，中国长达2000多年的君主专制制度结束。随之，中华民国成立。

在多方面的压力下，孙中山被迫在清帝退位后，辞去临时大总统职，让位与袁世凯。后来袁世凯独裁专政，刺杀宋教仁。孙中山为捍卫共和，先后发动二次革命和护法战争。

名 人 轶 事

孙中山妙联入官府

清朝光绪年间，孙中山留学归来，途经武昌总督府，想见湖广总督张之洞，他递上"学者孙文求见之洞兄"的名片。门卫随即将名片呈上，张之洞一瞧很不高兴，问门卫来者何人？门卫回答是一儒生。张总督令人拿来纸笔写了一行字，叫门卫交给孙中山。孙中山一看，纸上写着："持三字帖，见一品官，儒生妄敢称兄弟。"这分明是一副对联的上联。孙中山微微一笑，对出了下联，又请门卫呈送给张之洞，张之洞看见上书："行千里路，读万卷书，布衣亦可傲王侯。"不觉暗暗吃惊，"呀，儒生不可小视！"于是，急命门卫大开中门，亲自迎接这位才华横溢的孙中山。

1924年10月，奉系军阀的张作霖和直系将领冯玉祥联合推翻曹锟为总统的直系军阀政权。冯玉祥、段祺瑞、张作霖先后电邀孙中山北上共商国是。孙中山接受邀请，并提出废除不平等条约、召开国民会议作为解决时局的办法。11月，孙中山离广州北上，先抵上海，再绕道日本赴天津。12月底，抱病到达北京。1925年3月12日，孙中山因病在北京逝世，享年59岁。

思想名人

SIXIANGMINGREN

生卒年：公元前 566 ～ 前 486
国　　籍：古印度
出生地：兰毗尼（今尼泊尔境内）
性　　格：坚韧不拔、仁爱智慧
家　　庭：出身于皇室。父亲是迦毗罗卫国的国王

佛教创始人 **释迦牟尼**

在佛陀看来，所有事物都是一样的，因为一样，所以世间本来就没有肮脏，你感到脏是因为你心里脏，慈悲可以化解一切污浊。

　　释迦牟尼原名乔达摩·悉达多。因为母亲早死，由姨母抚养成人。16 岁时，他和拘利城公主耶轮陀罗结婚，后来生子罗怙罗。这一时期，释迦牟尼过着奢华而舒适的生活。然而，宫廷的舒适生活却不能使他的心灵得到平静，19 岁以后的多次出游，让他看到人们正在遭受着各种不同的痛苦，而且无论是谁，无论贫富，都无法摆脱生老病死的最终命运。释迦牟尼始终坚信，世界上应该存在一种永恒的东西，不会因为任何瞬间的痛苦或者死亡而消失。29 岁时，他放弃了王宫的安逸生活，弃家外出寻道。

　　最初，释迦牟尼向一些著名的婆罗门学者求教，后来依照他们的说法，成为一名苦行僧，进行了长达 6 年的艰苦修行。由于营养不良和过分劳累，某一天夜里，他突然晕倒。醒来后，他意识到苦修并不能得到什么结果。他慢慢走进尼连禅河，用冰冷的河水洗净了身上多年的积垢，又吃了牧女善生送给他的乳粥，使身体和精神得到恢复。在离开尼连禅河前往婆罗捺斯的路上，在一个叫作伽耶的地方，释迦牟尼看到一棵菩提树。他在树下跏趺而坐，发誓"不获佛道，不起此座"，想要获得解除人生苦难的终极办法。经过 49 天的冥思苦想，他终于大彻大悟，领悟到了解脱生死的涅槃

名 人 轶 事

传说释迦牟尼出生时天现三十二种瑞相，大地震动，地上自然涌出两股清泉，一冷一暖，令王后可以随意取用洗涤，虚空中有九龙喷出香水，汇成一冷一暖二股，洗浴刚诞生的太子，太子洗浴后脚踩七宝莲花，向东西南北各行七步，一手指天，一手指地，环顾四方，举右手而说："天上地下，唯我独尊。"

佛陀降生图 印度

传说佛陀降生人间，脚踩七朵宝莲花向东南西北各行七步，一手指天，一手指地，大呼一声："天上地下，唯我独尊。"在这幅画中，母亲手攀无忧树，略显疲惫，天上的神灵则表明了佛陀的出生被后人赋予了神话的色彩。

之道，创立了佛教的基本教义。那一年，他35岁。释迦牟尼在菩提树下的思索，构成了以四谛说为核心的佛教最基本的教义。四谛说意为四条真理，即苦谛（人生皆苦）、集谛（苦的原因）、灭谛（彻悟苦的原因，达到"涅槃"的境地）和道谛（通过修道达到"涅槃"的途径），人们通过修行、断惑、涅槃，最终成为阿罗汉（"不生"的意思），而不再堕入人世的轮回。

教义创立后，释迦牟尼开始了他的传教生活，先后在婆罗捺斯的鹿苑、王舍城的竹林精舍、舍卫城的祇洹精舍等处说法。佛教以"众生平等"为号召，很快就得到了广泛的拥护。最早皈依佛教的是两个名叫提谓和婆利迦的商人，接着，曾与释迦牟尼在尼连禅河畔苦修的5个人也成了他的信徒。后来，一些婆罗门教的祭司，释迦牟尼的姨母和儿子都成了他的信徒。而释迦牟尼也被信徒称为"佛陀"（意为"觉者"，汉语简称"佛"），这个新宗教就被称为佛教。

公元前486年，释迦牟尼80岁，他由王舍城出发，准备到拘尸那揭罗去说法，后途中染病，在拘尸那揭罗的跋提河畔双沙罗树间死去，遗骨火化，得舍利数枚，由信徒们分别拿到各处建塔供奉。

生卒年：公元前 469 ～前 399
国　　籍：古希腊
出生地：雅典
性　　格：坚毅、好学、睿智
家　　庭：出身于平民家庭

苏格拉底

以身作则的哲学家

　　苏格拉底生于雅典一个平民家中，父亲是个铁匠，母亲是个接生婆，一家人过得十分贫困。由于家里穷，苏格拉底从懂事起便开始到铁匠铺里帮着父亲干活。父亲每次打出铁器便让苏格拉底给人家送去。村里人都非常喜欢这个踏实可靠的孩子。每当他去送铁器，人们都愿意拿出好吃的招待他。然而苏格拉底对这些美酒佳肴并不感兴趣。一次，他将一件急用铁器送到了村里一位很有学问的老人手里。老人感激地对他说："孩子，你想要我送你些什么东西呢？"苏格拉底看了看老人满屋的书，"爷爷，你能教我认字吗？我想读书。"老人看这个孩子还很上进，高兴地说："当然可以，你要想学的话，每天干完活后，可以来找我。"苏格拉底高兴极了，从这回以后，每天晚上从父亲的铁匠铺出来，他便到老人家里去学习。

　　他学得非常用心，每天晚上学了字，第二天他就利用干活的空暇在地上练习。很快，苏格拉底便认识了许多字，能独立阅读了。后来，老人允许他将书带回家去读。这样，苏格拉底又可以利用晚上时间来读书了。书对于苏格拉底来说有着无穷的魅力。他经常一看起书来就忘了睡觉。就这样，通过不断地学习，苏格拉底逐渐成了一个知识渊博的人。

　　苏格拉底生活在雅典由盛而衰的时期，雅典人在经历过一段繁荣富足的生活后，开始变得奢侈淫逸、道德败坏。雅典开始和周边城市发生战争。19 岁时，苏格拉底第一次参加保卫雅

苏格拉底像

典的战争。苏格拉底在战场上表现得十分英勇，他曾三次冒死救出他的战友。和他一起作战的战友都说，与苏格拉底在一起就会感到安全。从战场上回来后，苏格拉底开始对雅典城的状况进行深入的思考。苏格拉底认为要想改变雅典的衰颓现状，就必须先提高雅典人的道德水平、培养治国人才。于是苏格拉底决定研究哲学并从事教育工作。

为了提高自己的学识，苏格拉底开始潜心读书，他读遍希腊的政治、历史书籍，眼界变得十分开阔了。不过苏格拉底并不满足于书本上的知识，他觉得要想从整体上提高自己，还得不断吸取别人的思想。于是他四处去拜访当时有名的学者，还不断地请别人到自己家中来谈天。当时的苏格拉底已经娶妻生子。由于他整天总是忙着做学问，没有时间帮妻子做家务、照看孩子，这使得整天忙碌的妻子对他十分不满。

一次，妻子在洗衣服，刚会走路的儿子因没人照看正在一边大哭。妻子便大声喊正在和两个学者交流学问的苏格拉底去看一下。结果苏格拉底谈到了兴头上，根本听不见妻子叫他。暴躁的妻子控制不住心中的怒火，便将一盆洗衣水向苏格拉底泼去。客人感觉非常尴尬，然而浑身湿淋淋的苏格拉底却幽默地对客人说："没事，雷声过后，必有大雨嘛！"接着他抖抖身上的水，继续刚才的话题。

经过不懈的努力，苏格拉底后来终于成了一个大哲学家和大教育家，他使哲学真正在人们生活中发挥了作用，为欧洲哲学研究开创了一个新的领域。他终生从事教育，他的教育思想对后世影响很大；他培养出许多有成就的人，如柏拉图、赞诺芬等著名的哲学家。

苏格拉底之死
雅典当权者指责苏格拉底轻视传统神祇、鼓励年轻人怀疑传统信仰与思想而使他们道德败坏，判处他在放逐与死亡之间任选其一。苏格拉底神色安然，拒绝出逃，并坦然喝下毒酒，为自己的信念献出了生命。

生卒年：公元前 427 ～ 前 347
国　　籍：古希腊
出生地：雅典
性　　格：执着、坚毅、睿智
家　　庭：出生于贵族家庭

柏拉图

西方政治哲学的起点

　　柏拉图本名阿里斯托克勒，据说因为他生得一副宽阔的肩膀（又说是阔额头），所以得了个诨号"柏拉图"。柏拉图在年轻时也受过良好的教育，并接触到各种流行的学说。20 岁时，柏拉图拜年逾六旬的大哲学家苏格拉底为师，从此开始了哲学研究的漫漫长路。苏格拉底顽强的探索精神，对平民政体尤其是对激进民主派的猛烈攻击，都深深地感染了柏拉图。但公元前 399 年，苏格拉底被雅典民主派处死，这使柏拉图遭受了沉重的打击。由于是苏格拉底集团中的人物，柏拉图被迫离开雅典，大约从 28 岁至 40 岁时，柏拉图在海外漫游，与数学家、思想家和政治家们广泛接触与交流，并逐渐形成了自己的思想体系。公元前 386 年，柏拉图返回雅典，在雅典近郊的阿卡德米体育场开办了一所学园，开始广收门徒，教授哲学，并从事写作，教师成为他终生的职业。

　　柏拉图的主要著作有《理想国》、《法律篇》、《斐多篇》，在书中，他大多采取对话形式阐发自己的思想，而主角则是他的老师苏格拉底。柏拉图哲学的中心思想是：在现实世界之上，还有超经验的理性世界，理念是第一性的，而现实是第二性的，现实世界变化无常，只

　　柏拉图是一个多才多艺的天才，他的对话录是有史以来最优美的希腊散文，既是艺术作品，也是哲学著作。然而，当他试图对实际的政治施加影响时，却显得有些力不从心。

这是19世纪比利时象征主义画家尚·德维的作品，描绘柏拉图在其创办的著名的雅典学园中向希腊的年轻人传授有关真理和美学的课程。

彩陶爵

上面描绘的是人们想象中哲学大师柏拉图和他的学生亚里士多德之间对话的情景。

有理念世界才是永恒真实的客观存在。这种精神第一，物质第二的思想，正是主观唯心论。而在政治上，柏拉图拥护贵族政治，反对民主。这点特别体现在他的代表作《理想国》之中。柏拉图认为，国家是放大的个人，个人是缩小了的国家。个人有三种品德：智慧、勇敢和节制；国家也具有不同品德的三种人：第一是贤明的治国君主，第二是勇敢的卫国武士，第三是生来具有"节制"品德的农夫、手工艺者等生产者，他们专事劳动生产，是前面两个等级的供养者。柏拉图认为，只要三个等级各尽其职，就能实现正义。这在他看来是国家的最主要的职能，从而造成有权力者无私产，有私产者无权力的理想局面。显然，柏拉图的思想是以古斯巴达的寡头专政等政治特征为蓝本的，这在具有民主政治传统的雅典是难以实现的。尽管直到晚年，柏拉图还是不懈地宣传自己的主张，但失败的结果却不可避免。

公元前347年，柏拉图去世，享年80岁。作为西方哲学史上第一个使唯心论哲学系统化的人，柏拉图的思想成为中古时代欧洲基督教神学以及近代形形色色的唯心论、经验论及英雄史观的重要源泉。

生卒年：公元前 384 ～前 322
国　　籍：古希腊
出生地：斯塔吉拉城
性　　格：固执、智慧
家　　庭：出身于医学世家。父亲是马其顿国王
　　　　　腓力二世的御医

亚里士多德

古代伟大的哲学家和科学家

作为古希腊的伟大哲学家，亚里士多德开创了以观察和经验为依据，而不是以抽象思维为依据的哲学方法。

　　亚里士多德出生、成长在一个充满着高贵而又有医药气氛的环境中。依照传统的习惯，亚里士多德本该继承父亲的衣钵，但他却在医药的熏陶中，表现出对科学的爱好。公元前367 年，亚里士多德拜柏拉图为师，进入柏拉图的学园，钻研各种知识长达 20 年之久，成为同学中的佼佼者，被柏拉图称为"学园的精英"。柏拉图去世后，亚里士多德来到小亚细亚的阿索斯城，在城主赫尔麦阿伊斯的宫廷做客并娶了城主的侄女皮提阿斯为妻，生有一女，与自己的母亲同名。皮提阿斯死后，亚里士多德与他的侍女赫尔皮利斯同居，得一子，取名尼科马霍斯。

　　公元前 342 年，亚里士多德被聘为马其顿国王腓力二世的儿子亚历山大的老师。公元前 335 年，亚里士多德结束了在马其顿的流亡生活，回到希腊，在雅典阿波罗圣林的吕克昂体育场开办了一所学园，并得到了已经继任马其顿国王的亚历山大的巨额经费支持。因为他经常率领弟子在校园的林荫道上边散步边讲课，所以他的学派被称为"逍遥学派"。

　　亚里士多德是古代世界中最博学的人。他总结了前人的研究成果，对当时已知的各个学科如伦理学、政治学、经济学、战略学、修辞学、文学、物理学、医学等都进行了有意义的探索，并开辟了逻辑学、动物学等新领域。可以毫不夸张地说，亚里士多德的研究成果代表了古希腊科学知识的最高水平。

雅典学院

此壁画是拉斐尔为梵蒂冈教皇宫殿所绘。图中柏拉图和亚里士多德师徒正在门厅闲谈，其他不同地域和不同学派的著名学者在自由地讨论。

作为形式逻辑的创始人，亚里士多德提出了归纳和演绎的思维方法，提出并阐释了同一律、矛盾律和排中律这些思维的基本规律。他所规定或发现的原则和范畴以及所使用的某些专门词语，迄今仍为逻辑教本所采用。在哲学上，亚里士多德肯定客观世界是真实的存在，认为人类认识的来源产生于对外界事物的感觉。他创立了自己的"四因说"（质料因、动力因、形式因和目的因），认为一切事物的产生、运动和发展，都不外是这四种原因作用的结果。在政治学方面，亚里士多德详细地比较研究了君主、贵族、共和、僭主、寡头和平民六种政体，他主张法治，并认为"法律是不受情欲影响的理智"。文学方面，他广泛考察了美学和文艺理论的一系列问题，如文艺的产生和分类、文艺与现实的关系等，认为文艺有深刻的社会意义。

公元前 323 年，亚历山大大帝病死后，雅典成为当时反对马其顿运动的中心。由于是亚历山大的老师，亚里士多德出逃雅典，前往优卑亚岛的卡尔喀斯城避居，并于次年辞世，享年 63 岁。

《政治学》插页 亚里士多德

《政治学》中，亚里士多德讲授的内容包括对青少年的教育，诸如史学、军事、艺术、宗教等项目。

生卒年：1483 ~ 1546
国　　籍：德国
出生地：德国萨克森州的埃斯勒本
性　　格：反叛、坚定、固执
家　　庭：出身于农民家庭

马丁·路德

欧洲宗教改革运动的发起人

　　马丁·路德出生的第二年，全家迁居采矿中心曼斯费尔德，父亲汉斯·路德当矿工，靠租用领主的三座小熔炉起家。在父母严格的宗教教育下，路德从小就接受了传统的基督教信念。1501 年春，他进入德意志最著名的爱尔福特大学，在 1502 年秋获得文学学士学位，1505 年又以优异成绩取得硕士学位。在大学期间，他开始受到反对罗马教皇的世俗思想的影响。

　　大学毕业后不久，路德在父母亲朋诧异的目光中弃绝尘世，进入雷尔福特圣奥古斯丁修道院当修士，开始了自己的宗教生涯。他在那里潜心修道，履行各种苦行赎罪活动，以圣洁闻名。1512 年，他获得神学博士学位，并被任命为维登堡修道院副院长及维登堡大学的神学教授。1512 ~ 1513 年间，他逐步确立了自己"因信称义"的宗教学说，他认为一个人灵魂的

1517 年，德国神学家马丁·路德把他的 95 条论纲钉在德国维登堡一所教堂的门上，从而开始了基督教改革运动。他反对罗马天主教会干预国家政事，并于 1525 年因拒绝放弃其论点而被逐出了罗马天主教，这也导致了众多新教教会的出现。

获救只需靠个人虔诚的信仰，根本不需要外在的善功及教会的权威。这一学说一反天主教的救赎理论，从根本上否定了教会和僧侣阶层对社会的统治权。

　　1517 年，为反对教皇利奥十世借颁发赎罪券盘剥百姓，路德在维登堡大教堂门前贴出了《关于赎罪券效能的辩论》（即《九十五条论纲》）。《论纲》引起了强烈反响，激发了人们对教权至高无上的怨愤和反对，点燃了德国宗教改革的火焰，使路德一时成

路德派教徒正在与罗马天主教教徒讨论一些有争议的论点，这是1530年神圣罗马帝国皇帝试图与改革者和解的最后尝试。

为德国全民族的代言人。1519年，罗马教会的神学家约翰·艾克同马丁·路德在莱比锡展开了大论战，这场大辩论，成为路德宗教改革生涯中的一次重大转机。1520年10月，教皇颁布诏书，勒令路德在60天之内悔过自新，否则将开除他的教籍。路德面对威逼利诱毫不动摇，在拥护者的赞美声中把教皇的诏书付之一炬，以示自己与罗马教廷彻底决裂的决心，这一行动也极大地鼓舞了德意志和西欧各国的人民。1521年4月，教皇在沃尔姆斯召开帝国会议，为路德定罪，路德在会上据理力争，毫不让步，罗马教廷无计可施，于是蛮横地对路德进行人身迫害，宣布路德为不受法律保护的人。路德最后隐居到瓦特堡，继续从事宗教改革事业。1525年，42岁的路德与一位叛逃的修女波拉结婚，以实际行动向天主教的禁欲主义发起了挑战。1543年，路德翻译的德文《圣经》面世，他的《圣经》译本为人们提供了对抗天主教会的思想武器。他翻译的《圣经》使用的是德国语言，这种统一的语言也成为联系分裂的德意志各邦的重要纽带。

1546年2月，路德死于出生地艾斯勒本，享年63岁。他被葬于维登堡大教堂墓地。29年前，轰动一时的《九十五条论纲》就是贴在这座教堂的门上。

马丁·路德正在给教徒们讲述教义。自从《九十五条论纲》贴出后，马丁·路德的观点得到了德国教徒们的广泛支持，从而点燃了德国宗教改革的火焰。

生卒年：1694～1778
国　　籍：法国
出生地：法国巴黎
性　　格：智慧、执着、勇敢
家　　庭：出身于巴黎资产阶级的公证员家庭

伏尔泰

法国启蒙运动的先驱

　　伏尔泰，原名弗朗索瓦·玛丽·阿鲁埃，是18世纪法国启蒙运动杰出的哲学家、政治活动家、文学家。他天资聪颖，3岁时就能背诵法国诗人拉·封登的《寓言诗》。伏尔泰10岁时进入耶稣会主办的大路易中学。中学时代的伏尔泰爱读反对宗教、倡导自由的书，喜欢作诗。1711年中学毕业后，伏尔泰迫于父亲的压力，开始学习法律。

　　伏尔泰从1714年初开始做见习律师。但此时的伏尔泰更热衷于写时政讽刺诗。1717年5月17日，伏尔泰因一首讽刺和抨击法国宫廷淫乱生活，并预言"法国将要死亡"的诗歌《幼主》遭到逮捕，被关进巴士底狱长达一年。但他在狱中完成了第一部重要的悲剧《俄狄浦斯》。获释后，他用"伏尔泰"的笔名将其出版，并在巴黎剧院演出成功，伏尔泰从此声名大振。1721年，他完

伏尔泰雕像
伏尔泰是反对专制、盲从和残暴的勇士，如今仍然被看作是法国最伟大的作家之一、18世纪启蒙运动的化身。

在波茨坦的莫愁宫，伏尔泰与普鲁士弗里德里克大帝共同进餐。

成史诗《亨利亚特》，引起了较大的反响，但遭到官方的禁毁。1725年，由于受贵族陷害，伏尔泰流亡英国，在那里研究哲学家洛克和科学家牛顿的作品。伏尔泰在英国期间完成了《论法兰西内战》和《查理12史》两部历史著作和著名的悲剧《布鲁图斯》，为1789年法国资产阶级大革命做了舆论准备。

1734年，伏尔泰回到法国，在里昂出版了不朽的世界名著《英国通讯》（又名《哲学通讯》）。该书以书信体裁介绍了英国的政治、哲学、科学和宗教等情况，抨击了法国君主专制制度和教派斗争，宣传了唯物论思想，引起极大的轰动。在此期间，伏尔泰完成了另一部史诗《奥尔良少女》，塑造了法兰西民族女英雄贞德的形象。伏尔泰又匿名发表了《论形而上学》、《牛顿哲学的基础》等著作，同样猛烈地攻击封建制度和教会的统治。不久，他被法国宫廷重新起用，任编纂法兰西王国历史的史官，1746年又被选为法兰西学士院院士。但他触犯了权贵大臣，不久被迫离开巴黎，回到洛林城堡。

1750年6月，伏尔泰接受普鲁士国王腓特烈的邀请，离开巴黎来到普鲁士，成为莫愁宫的宠客。1751年，他完成历史著作《路易十四时代》，加深了他对专制独裁的普鲁士国王的失望。1752年，他与普鲁士国王决裂，1753年离开了普鲁士。从此，他决心再也不同任何君主来往。1754年前往瑞士。1755年，他在瑞士边境的佛尔纳购置

名 人 轶 事

伏尔泰有一个很懒惰的佣人。一次，伏尔泰对他说："约瑟夫，快把我的鞋子拿来。"佣人很快把鞋子拿来了。伏尔泰一看鞋上布满了尘土，就说："你怎么忘了把它擦擦？""用不着，先生，"约瑟夫若无其事地回答道，"路上尽是灰尘，两个小时以后，您的鞋子不是又和现在一样脏吗？"伏尔泰穿上鞋，不声不响地走出门去。佣人追上来："先生，慢走！钥匙呢？"伏尔泰故作疑惑状："钥匙？"佣人说："食橱上的钥匙，我还要吃午饭呢！"伏尔泰不屑地说："我的朋友，吃什么午饭呀！两个小时后，你不也和现在一样饿吗？"

了一座城堡，并在这里度过了后半生的时光。

定居佛尔纳后，伏尔泰积极投身于启蒙运动，宣传自己的民主思想，抨击封建统治者和教会的罪恶，评论法国社会发生的各种事件。当时启蒙运动的代表人物如卢梭、狄德罗、爱尔维修等人，都对他推崇备至。1755 年 11 月，葡萄牙首都里斯本的两次地震在思想界引起混乱。伏尔泰写了两首哲理诗，《咏里斯本的灾难》和《咏自然法则》。1758 年 7 月，《瑞士报》刊登文章攻击伏尔泰，称他即使不是无神论者，也是被自然神的兴趣冲昏头脑的疯子。12 月，伏尔泰在同一刊物上发表了《斥一篇匿名文章》，公开向宗教势力宣战。他的作品文笔犀利、词句精炼，善于以机智的讽刺打击敌人，字里行间充满着嬉笑怒骂的哲言。1759 年，伏尔泰完成《老实人》一书，给了天主教会以毁灭性的打击。

这期间，伏尔泰完成了他一生中最激进的论著：《哲学辞典》和《有四十金币的人》，标志着他思想的转变和走向成熟。1772年，老年伏尔泰又投入到保卫人权、消灭败类的战斗中。他用真名发表了《关于康普小姐诉论的

法文版《老实人》的插图
这部作品是伏尔泰读者最多的作品，作者以乐观的哲学态度嘲讽了宗教狂热现象。

哲学思考》，要求恢复南特敕令给予新教徒的权利。1774 年，路易十五去世，伏尔泰的思想在法国受到广泛的颂扬。1775 年伏尔泰又写了《理性史赞》，在概述近代历史的同时，他乐观地预言开明的理性取得最后胜利的日子就要到来。伏尔泰的活动动摇了专制制度、天主教会以及整个封建制度体系，他的威信越来越高。

1778 年 5 月 30 日，伏尔泰在法国巴黎逝世，享年 84 岁。

生卒年：1712 ~ 1778
国　籍：瑞士
出生地：日内瓦
性　格：偏激、反叛
家　庭：出身于平民家庭。父亲是钟表匠，
　　　　母亲是牧师的女儿

卢梭

杰出的民主主义者

卢梭小时和姑妈生活在一起，在姑妈的指导下，他从小就阅读了很多古希腊和古罗马的名人传记和抒情小说，获得了丰富的知识。10 岁时，他被送到朗贝尔西埃的牧师家里住了两年，学会了拉丁文。12 岁时，在一个公证人那里做仆人。1725 年至 1728 年间，他在一个性格暴戾的雕刻匠店里做学徒兼杂役，生活艰辛，不时受到主人的鞭笞，最后不堪忍受，弃职逃走，从此过起了颠沛流离的生活。

1728 年，16 岁的卢梭流浪到萨瓦，1740 年到里昂，两年后又来到巴黎。直到 1750 年 7 月，第戎科学院宣布他的论文《论科学和艺术是否败坏或增进道德》获得第一名，卢梭才开始在社会上享有盛誉，成为哲学界的著名人物。成名之后，卢梭改变了生活方向，放弃对财产和声誉的追求，永远保持贫困和独立。1752 年，他创作的歌剧《乡村魔术师》上演后获得巨大成功，演出的第二天，法国国王路易十五

让·雅克·卢梭像
卢梭是 18 世纪欧洲最伟大的思想家之一，他的著作鼓舞了法国大革命的领袖们，并对浪漫派产生了影响。

赐予他一笔年金，但他拒绝接受。

1755 年，卢梭发表《论人类不平等的起源和基础》，抨击私有制，提出暴力支持暴君，暴力也推翻暴君的辩证思想。这以后，他患了一种受迫害的妄想症，遭受了严重的病痛折磨。在 1761 ~ 1762 年间，他完成了自己最重要的三部著作：《新爱洛绮丝》、《爱弥儿》和《社会契约论》。《新爱洛绮丝》通过叙述平民出身的少年圣·普洛和贵族女儿朱丽叶的悲剧爱情，揭示了社会伦理道德的冲突。《爱弥儿》认为

1762 年，巴黎最高法院指责卢梭的《爱弥儿》和《社会契约论》与政府和宗教相对抗，卢梭不得不逃往瑞士，在那里，他的著作仍是个禁忌。他在《山上的来信》中作了自我辩护。直到 1770 年，法国政府宣布赦免，他才得以返回巴黎。

一个人生下来就是完美的，教育者的职责是保持孩子的这种完美本性，促进受教育者自然发展。《社会契约论》集中体现了卢梭的民主主义思想，后来成为反映西方传统政治思想的最有影响力的著作之一。卢梭认为国家是由于订立契约而产生的，而人民是订立契约的主体。所以人民有权利废除对自己不利的契约，建立符合自己权利的契约，这就是著名的"人民主权论"。

名 人 轶 事

卢梭遭到通缉而过流亡生活后，在 1766 年 1 月受到英国哲学家休谟的邀请来到伦敦。那时，他已经患了非常严重的怀疑自己受迫害的妄想症，他总是怀疑休谟企图谋害他的性命，于是开始了同休谟的激烈争吵。1767 年，他惊慌地从英国逃回了法国。

《爱弥儿》和《社会契约论》的出版，给卢梭带来了巨大灾难。他的书被焚毁，他本人也受到法院的通缉和教会的声讨，他只能隐姓埋名，隐居度日。1770 年，法国政府宣布对他赦免，卢梭才返回巴黎。他恢复了自己的真名，在沙龙里朗读叙述自己生活史的著作《忏悔录》。这部世界文学史上别具一格的名著，不仅以坦率的态度叙述了卢梭的生活史，而且用美妙的文笔和卓越的才能维护他的学说，回击他的论敌。

卢梭的晚年郁郁寡欢，极度贫困。1778 年 7 月 2 日，他因中风与世长辞，享年 66 岁。

生卒年：1770 ~ 1831
国　籍：德国
出生地：斯图加特市
性　格：执着、固执
家　庭：出身于官僚世家

黑格尔

让理想高于才干

1770 年 8 月 12 日，黑格尔出生于德国斯图加特市。父亲是当地的税务官。

黑格尔的父亲受过良好的教育，他懂得如何培养孩子们的读书兴趣。他善于用精彩的语言描绘一本书的大概内容，然后让孩子们自由阅读。在父亲的引导下，黑格尔对书产生了强烈的好奇心。他开始要求父亲教他识字，并很快能独立阅读了。父亲有许多藏书，这些书涉及历史、文学、哲学、自然科学等各个领域。小黑格尔总喜欢钻在父亲的书房中，找各方面的书看。一次，父亲见他在捧着一本很厚的历史书看，便对他说："孩子，这本书有些深度，如果看着吃力的话就先放一放吧。""爸爸，我觉得很有意思。有些文章，我想我能懂得。"因为黑格尔喜欢读书，而且读完书后，总爱一个人默默地思考，所以家里人都爱喊他"小哲学家"。

7 岁的时候，黑格尔上小学了。后来，父亲接了份额外的工作，再也没有时间指导玛丽和黑格尔学习了。于是，他便给孩子们请了一位家庭教师。但这位老师并不注重培养孩子们的学习兴趣，他只会让孩子们不停地做练习题。每天黑格尔从学校学完一天的功课回家后，还得继续学习课本的知识。黑格尔很快便厌倦了这样的学习生活。于是，他开始放学后不回家而在学校里

黑格尔像

1803年的圣诞夜，普鲁士国王腓特烈·威廉三世把制服作为礼物送给他的儿子们。黑格尔思想在诸多领域产生了重大影响，不仅包括哲学，而且包括历史和政治学领域。黑格尔去世后，保守的黑格尔右派继承了他的政治哲学，认为君主立宪的普鲁士式国家是最理想的国家，毫无必要实行进一步的变革。

读书。他读书特别投入，一看起书来就忘了时间。一次天都黑了，父亲见他还没回家很着急，便去学校找他，结果发现黑格尔正在教室里捧着一本《莎士比亚全集》看。

"黑格尔，你怎么不回家呢？"

"爸爸，我回家后就不能读书了。"

"老师不是天天都在指导你们读书吗？"

"爸爸，我不想只是学课本知识，我想自己看书。"

父亲这才明白了自己给孩子们请老师，不但没有促进孩子学习，反而使黑格尔失去了自由阅读的时间。第二天，父亲便告诉老师不要再上课了。

黑格尔有了充裕的读书时间，他如饥似渴地吸取着书中的知识，很快便读完了父亲的藏书。之后，他就跑到家附近的斯图加特诺提图书馆去借阅。广泛的阅读使黑格尔逐渐成了一个知识渊博、有思想的人。

18岁那年，黑格尔考进了蒂宾根神学院。学校以教授宗教和哲学为主。神学院的生活平淡清苦，许多学生都受不了而中途退学。黑格尔却并不在意，这段时间他对哲学产生了浓厚的兴趣，并潜心研读了欧洲从古到今的许多哲学著作。

1792年，黑格尔从神学院毕业了。他未选择成为牧师，而是开启了哲学探索之路。他先后在瑞士和法兰克福担任家庭教师，期间深入研究康德哲学与法国大革命思想，完成《基督教的精神及其命运》等早期手稿。1801年赴耶拿大学任教，与谢林合办《哲学评论杂志》，逐步形成辩证思想体系。1807年《精神现象学》出版，提出"实体即主体""主奴辩证法"等核心理论，奠定了其哲学史地位。

1816年，黑格尔任海德堡大学教授，两年后出版《哲学科学全书纲要》，系统构建逻辑学、自然哲学与精神哲学三位一体的绝对唯心主义体系。1818年转任柏林大学教授，进入学术巅峰期。其《法哲学原理》（1821）提出"存在即合理"引发巨大争议，但"正反合"辩证法则成为马克思主义哲学的重要来源。1830年任柏林大学校长，1831年因霍乱猝逝。

生卒年: 1856 ～ 1939
国　　籍: 奥地利
出生地: 摩拉维亚的弗瑞堡
性　　格: 幽默、反叛、坚强
家　　庭: 出身于犹太人平民家庭。父亲是商人

弗洛伊德

精神分析学的奠基人

弗洛伊德是 20 世纪最有影响、最有才智的心理学家、精神分析学说的奠基人。他以毕生的精力研究了从前人们所不曾关注的"潜意识"，开拓了心理学研究的新领域，在医学、文学、哲学、艺术等方面都产生了相当大的影响。

弗洛伊德 4 岁时，举家迁往奥地利首都维也纳。他在那里接受了小学和中学教育，并以优异的成绩毕业。1873 年，弗洛伊德进入维也纳大学医学院，从 1876 年起在著名的生理学家艾内斯特·布吕克的指导下从事研究工作，并在 1881 年获得医学博士学位。1885 年，他前往巴黎，受教于当时非常著名的神经学家沙柯特。弗洛伊德读到了沙柯特有关"歇斯底里"症状的论著，并了解到沙柯特提出的催眠疗法。1886 年，弗洛伊德和贝尔纳斯结婚，生育了 6 个孩子。

弗洛伊德在求学时就看到过布罗伊尔医生用催眠法治疗癔症，这使他感觉到了身心关系的微妙。后来，弗洛伊德也开始尝试使用催眠疗法治疗神经病，但他逐渐发现催眠的疗效不能持久，于是就改用了"自由联想法"，该理论和以后的"自我分析法"成为弗洛伊德一生的两大杰出成就。1900 年，弗洛伊德的杰作《梦的解析》出版，他声称自己发现了三大真理：梦是无意识欲望和儿时欲望的伪装的满足；俄狄浦斯情结（仇父恋母的情绪）是人类普遍的心理情结；儿童具有性爱意识和动机。这些发现为精神分析学奠定了基础。但在当时，弗洛伊德的这本书并没有受到重视，初版的 600 册书

名 人 轶 事

弗洛伊德和他的夫人贝纳尔斯结婚前，曾分别了4年时间。在分别的日子里，弗洛伊德每一天都给贝纳尔斯写情书。而当两人在1886年结婚时，他们的家里摆着"20年都用不完"的成打的床单、枕套、餐巾和沙发罩，每一件上面都钩着花边或是绣着他俩姓名的缩写字母，寄托着4年中贝纳尔斯每一天对弗洛伊德的想念。弗洛伊德与贝纳尔斯相知甚深，彼此奉献，在53年的夫妻生活中，唯一让他们争执的问题仅是煮洋菇时到底该不该去茎。

在8年以后才售完。直到1905年，他发表了《性欲理论三讲》，探讨儿童性心理的发展与精神变态机制的联系，这时他的学说才真正开始引起了世人的重视。但因为他的学说的反传统性，而受到了众多人的攻击，一度成了德国科学界最不受欢迎的人。

弗洛伊德不改初衷，在不到20年的时间里，他写下了约80篇论文和9本著作，继续阐述、发挥和宣传他的精神分析理论。他的理论不仅对于心理学来说是一种必备的知识，对于其他人文领域、艺术创作以至于日常知识来说，也具有重要的启迪作用。1931年，他的故乡为庆祝他75岁寿辰，以他的名字命名他出生的那条街道。1936年，他被接纳为英国皇家学会的通讯会员。弗洛伊德毕生都以极大的热情创立和发展精神分析学说。他培养了一批学术继承者，如后来也具有世界性影响的荣格、阿德勒等，他使精神分析运动成为世界性的潮流。

1938年，纳粹德国占领维也纳后，弗洛伊德移居英国。1939年9月23日，他因口腔癌复发在伦敦逝世，享年83岁。

弗洛伊德年轻时的全家照。父亲雅可布时年61岁，母亲玛丽娅41岁，弗罗伊德20岁，站在后面，介于妹妹安娜与异母兄长伊曼纽尔之间，手放在母亲座椅背上。

姓　名：姓李名耳，字伯阳
生卒年：不详
祖　籍：春秋时代楚国苦县（今河南鹿邑）
性　格：深沉、睿慧、消极
家　庭：出身于贫苦的农民家庭

老 子

道家学派创始人

老子曾做过周朝"守藏室之史"，就是管理"藏室"的史官。老子一向只注意研究学问，不在意个人得失荣辱，虽然学识渊博，却一直过着默默无闻的生活。公元前516年，在周王室内部的权力争斗中，贵族王子朝失败，带着所有典籍逃走。老子再无"藏室"可管，于是骑着青牛，离开东周来到函谷关，在镇守函谷关的周大夫尹喜的盛情邀请下，写成了共有五千字的《老子》上、下两篇。老子写完书后，重新骑上青牛，出函谷关，从此不知去向。

《老子》以"道可道，非常道"开篇，提出了一个最高的哲学概念"道"，老子哲学就是由"道"推演出来的，他也因此成为道家的始祖。

老子把天、地、人等宇宙万物连贯成为一个整体，突破了古代哲学以政治和伦理为轴心的局限。老子认为"道"是先于天地生成的，是天地万物之源，宇宙间的一切，包括人在内都是天地万物的一部分，"人法地，地法天，天法道，道法自然"。老子这种思想实际上就是中国古代最早的一种"天人合一"的思想，这一思想为后来的庄子所继承和发展。这种"天人合一"的整体观念，对中国古代的各个领域都产生了深远的影响。

老子像

新津崖墓汉画像石《孔子问礼》
此画像石绘孔子向老子问礼的情景，这一事件被绘于墓室画像石上，足见此事对国人影响之深。

老子思想中最大的闪光点是他的朴素的辩证法思想。老子观察到宇宙间的万事万物都存在着互相矛盾的两个对立面，"有无相生，难易相成，长短相形"，世间万物有阴阳、刚柔、强弱、兴废等分别。他还发现对立的事物能够向其相反的方向转化，如："物壮则老"，"兵强则灭"，"木强则折"，"祸兮福之所倚，福兮祸之所伏"。为了防止物极必反，导致衰落，老子主张"去甚去奢去泰"，就是要去掉那些极端的、过分的举动，始终保持着像"道"那样冲虚而不盈满的状态。

老子朴素辩证法思想表现在军事战略方面就是"善为士者不武，善战者不怒，善胜敌者不与"，同时还要注意"将欲弱之，必固强之"，"将欲夺之，必固与之"。他还提出了以柔弱胜刚强的指导思想，比如，天下没有比水更柔弱的东西，但以水攻坚，没有攻不下的，以此来说明柔弱能胜刚强。

老子的道的本性是自然的，他提出了天道自然的观念。他认为天地的运行是自然而然、不假外力的。人也应该和万物一样，是自然的，人

老子骑牛出关图 明

生必须消除主观和外在的干涉，使其自然发展。

在自然人性论的基础上，老子提出了"无为而治"的政治论。老子把人民的饥荒、贫困看作是多欲的统治者横征暴敛的结果。人民起

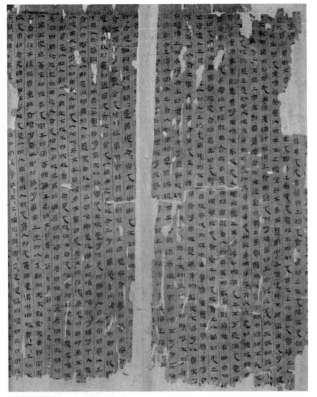

西汉帛书《老子》（残页）

来为"盗"，轻生冒死，其责任完全在于统治者。老子主张用"天之道"来取代"人之道"，"损有余以补不足"，这样就能够解决社会所存在的一切弊端。

老子提倡的"无为"而治，是对统治阶级的"有为"进行的揭露和抨击。老子提倡这种"无为"之治的目标是建立一个"小国寡民"的社会，也就是"使民复结绳而用之，甘其食，美其服，安其居，乐其俗。邻国相望，鸡犬之声相闻，民至老死不相往来。"

千百年来，老子的思想深刻地影响着中国的哲学、伦理道德、政治、文化甚至是中国人的思维，他的思想为战国时代的庄子等人所继承，形成了道家学派。《老子》也被奉为道教的三大经典之一，尊称《道德经》。老子还受到西方的推崇，《老子》的英译本多达40多种。老子的影响是极为深远的，可以说没有老子，中国乃至世界文化史将是不完整的。

名　人　轶　事

孔子问礼于老子

　　相传孔子到东周王都时，曾向老子问礼。老子对他说："你所说的礼，只是制礼者言论。君子就应该适时出仕，适时隐居。善做生意者，深藏货物，看上去却像什么都没有；德行高尚的君子，看上去却如愚钝之人一般。深藏雍容华贵的风度和过高的志向，对您会大有好处的。" 孔子一生为了恢复周礼，明知不可为而为之，对这一点，老子委婉地提出了批评。

　　临别时老子赠言指出了孔子的一些毛病，就是看问题太深刻，讲话太尖锐，伤害了一些有地位的人，会给自己带来很大的危险。

　　孔子对老子佩服得五体投地，他对弟子们说："鸟能飞，我可以用箭去射它；鱼能游，我可以用线去钓它；兽能跑，我可以用网罩住它。龙是乘着风云上天的，我就无法知道了。老子大概就像一条龙吧！"

姓　　名：姓孔名丘，字仲尼
生卒年：公元前 551～前 479
祖　　籍：春秋末鲁国陬邑（今山东曲阜）
性　　格：仁爱、宽厚、睿智、坚毅、执着
家　　庭：出身于没落贵族。父亲叔梁纥做过鲁国的下级官吏

孔 子

万世师表的至圣先师

孔子自幼受到良好的教育，曾在鲁国任委吏、乘田等小吏。30 岁左右，孔子成为知名的学者，奉诏开始办私学，广收门徒。公元前 515 年，答齐宣王问政时提出"君君、臣臣、父父、子子"的主张，未得重用。公元前 500 年左右，孔子为推行其政治思想奔走各国，然而备受冷遇。公元前 484 年，孔子返回鲁国，晚年一直致力于文化教育事业，整理古代文化典籍。公元前 479 年病故。

孔子是我国春秋时期最伟大的思想家、政治家、教育家，他以仁爱、礼义为本，建立了影响中国社会两千多年的儒家学派。孔子提出"克己复礼为仁，一日克己复礼，天下归仁焉"。"仁"是孔子学说的核心和主

孔子像

导精神，体现在孔子思想的各个方面。孔子又提出"仁者爱人"，仁者要对世人有同情心，能设身处地地为他人着想。孔子非常重视个人的道德修养，他认为一个人能否成为有德之人，主要在自己的主观努力，为人应该严于律己，宽以待人，自己有德行，就不必担心别人是否赏识和理解自己。君子要安贫乐道，舍生取义。孔子还提倡自我反省式的修身养性之法。

在政治上，他提出"君君、臣臣、父父、子子"，他的理想是要恢复周礼，建立一个严格有序的社会。孔子反对暴政，反对滥用民力，希望君主能够"惠民"、"爱民"。孔子主张在政治生活中也要贯彻道德的原则，使政治行为道德化。在他看来，刑罚可

以使人畏惧而不敢犯法，但并不能从根本上消除犯罪动机。只有用德和礼对人民进行感化和引导，提高人民的道德意识，才能使社会长期稳定。而以德治国的根本保证是统治者必须成为道德的楷模，以自己的道德风范来影响和教育人民。

在教育上，孔子以道德教育为中心，把自己的政治思想与教育思想有机地联系在一起。他认为教育的根本目的就是教人做人，而做人的关键是要具备爱心，要做到己所不欲，勿施于人。孔子提出"有教无类"的办学宗旨，在教学中，他自拟教学内容，自创教学方法，因材施教，并且强调学习与思考结合，启发式的教学和弟子积极领悟结合。他还很注重教学与实践相结合，教学与社会现象相结合。在教学过程中，他以诗、书、礼、乐、射、御、数为具体的教学内容，这些又与文、行、忠、信相辅而行。

孔子在典籍整理方面也取得了很大的成就，他首次提出"文献"一词，并结合史实和旧有文献资料编订了《易》、《书》、《礼》、《乐》、《诗》、《春秋》等著作。他死后，他的弟子遵照他的遗嘱，将他的言行、语录编辑成书，定名为《论语》。

孔子的一生是奋力治学、执着追求、不计荣辱得失、为国为民的一生，他是中国古代最伟大的文化圣人，他对中国两千多年的社会和思想都产生了巨大而深刻的影响。虽然他的政治主张无法实现，但是他那种明知"不可为而为之"的坚毅和博大让后人感动。汉平帝追封他为哀成宣尼公，唐玄宗追谥他为文宣王，元成宗加封他为大成至圣文宣王。他的学说在西汉武帝时代就被定为享有独尊地位的正统思想，清圣祖康熙帝为他亲笔题书："万世师表"。

孔子塑像
塑像位于大成殿内明间正中。高3.35米，头戴十二旒冕，身穿十二章服，手捧镇圭，一如天子礼制。清康熙帝曾在此亲祭孔子，行三跪九叩大礼，随从认为皇帝对一介布衣行如此大礼实有不妥，康熙说："孔子乃千秋帝王之师，万世人伦之表"，并亲书"万世师表"四字以示虔敬。

姓　　名：韩非
生卒年：约公元前 280 ~ 前 233
祖　　籍：战国末期的韩国
性　　格：善思、敏感
家　　庭：出身于韩国贵族

韩非子

法家学说的集大成者

　　韩非出身于战国末期的韩国贵族，自幼聪明过人，与李斯一同师承荀子。他长于写作，却不善言辞。韩非曾多次上书韩王，提出富国强兵的建议，主张修明法度、任用贤能、赏罚分明。但是韩王不为所动，韩非只好退而发愤著书立说，写成包括《孤愤》、《五蠹》、《内外储》、《说林》、《说难》等 55 篇作品、10 余万字的《韩非子》。他的书流传到秦国，秦王嬴政读罢，拍案叫绝。为了得到韩非，秦王于公元前 234 年发兵韩国，昏庸无能的韩王只好交出韩非，以保得自己的一时平安。可是韩非在秦国还不到一年，就被李斯等人陷害致死。

韩非像

　　韩非是中国古代卓越的思想家，也是一个顺应时代潮流的政治理论家。他的思想涉及广泛，包括政治、法律、哲学、社会、财经、军事、教育、文艺各个领域，为秦始皇实施中央集权、统一中国、建立大一统的封建专制主义国家提供了有力的理论依据。

　　韩非子的法治思想来源于荀子、商鞅、申不害和慎到，是法家的集大成者。他把战国前期的"法"、"术"、"势"三家思想结合起来，第一次明确地阐述了三者之间统一的、不可分割的联系，建立了一套完整的法制思想体系。他认为只有实行法制才可以顺利地推行地主阶级的政治改革；只有统治者掌握了政治上的权势，才能推行法制；有法有势而无术的话，统治者就会大权旁落，利益受到损害；有术无法就不能

《韩非子》书影

有效地推行政令，国家就不会富强。

韩非的思想体现在政治上主要有以下几点：他主张统治者应根据形势的变化而采取相应的措施，不可因袭旧法，墨守成规；他还主张论功行赏，提倡"耕战"。他认为国家富足要靠农民，抵抗敌人要靠军队，耕战政策是国富兵强的根本；他认为君权集中的指导思想是法家思想，要求定法家于一尊。他激烈地批判和攻击法家以外的其他学派，特别是当时影响最大的儒家和墨家。

韩非对人与人之间的关系，也有独到的见解。他认为君臣的关系是当时社会最重要的一对矛盾，处理好这对矛盾是关系政权安危的头等大事；而国君和人民的关系也是对立的矛盾。他抛弃仁义，主张国君对人民必须实行强制，用刑罚镇压人民是最有效的手段；他还认为由于利害的不同，君臣、父子、夫妻、兄弟、君民等，不管是哪种人群，和对立的一方都存在着矛盾。

通过《韩非子》，我们能看出韩非也是一位语言文学大师，他用恢宏的气势、透彻的说理、华美的文采，记载了大量的历史人物、历史事件、寓言故事和民间传说等，客观、翔实、丰富地反映了先秦时代的社会面貌。他的著作堪称先秦的散文巨著之一，是我国宝贵的文学遗产。

名　人　轶　事

韩非与李斯

韩非的著作传到了秦国，得到秦王嬴政的赞赏，他感叹地说："如果能让我与他（韩非）交游，就是死了也没有什么遗憾了！"

当时，李斯正在秦国为秦王效力，为了讨好秦王，他告诉秦王，文章是韩国的韩非所著。秦王为了夺得这位才子，立刻派兵进攻韩国。韩王无奈，只好交出韩非。

韩非的到来却让李斯坐立不安，他知道自己的才能比不上韩非，怕自己被秦王冷落。于是，嫉贤妒能的李斯伙同大臣姚贾在秦王面前诽谤韩非，对秦王说："韩非，韩之诸公子也。今王欲并诸侯，非终为韩，不为秦，此人之情也。今王不用，久留而归之，此自遗患也，不如以过法诛之。"秦王听信李斯谗言，将韩非投入狱中。

李斯为除后患，不但阻止韩非面见秦王辩解，还强迫韩非服毒自杀。等到秦王后悔，要放免韩非时，韩非早已死在云阳狱中了。

姓　　名：董仲舒
生卒年：公元前 179 ～ 前 117
祖　　籍：广川（今河北枣强县）
性　　格：刻苦深沉、练达变通、勇于创新
家　　庭：出身于大地主家庭

董仲舒

创立三纲五常的伦理学家

董仲舒像

　　董仲舒出生于大地主家庭，从小刻苦好学，"三年不窥园"，以悉心研究《春秋公羊传》而出名。

　　董仲舒少年时与公孙弘一同师承于胡毋生，汉景帝元年与胡毋生一起被立为博士。汉武帝即位之后，董仲舒以"天人三策"上书，他提出"罢黜百家，独尊儒术"，兴办太学，求贤养士，实行"量材而授官"的主张，得到汉武帝的赏识和采纳。但董仲舒的仕途并不顺利，任江都相辅佐易王刘非时，受牵连被废为中大夫；任中大夫期间，董仲舒写成《灾异之记》草稿，被嫉妒他的主父偃窃走并上奏给朝廷，汉武帝发现其中有讽刺时政的文字，便把董仲舒关入大狱；出狱后，又因公孙弘的妒忌，被打发到恣意放纵的胶西王那儿做丞相，因为董仲舒是个很有德行的大儒，胶西王也还善待他。董仲舒生怕相处日久会得罪他，就称病辞去了胶西王相之职。

　　董仲舒是汉朝最有才华的思想家和哲学家，著有《春秋繁露》及《董子文集》。他的哲学主张和政治主张，在中华民族的思想史上占有重要地位。他复兴了被扼杀达百余年之久的儒家文化，融会贯通先秦时期各家各派的思想，并把它们整合为一个崭新的思想体系。

　　董仲舒提出罢黜百家，独尊儒术，他认为"大一统"是"天地之常经"，天意是要

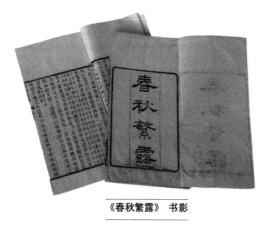

《春秋繁露》 书影

大一统的，汉朝的皇帝是受命于天来进行统治的。各封国的王侯又受命于皇帝，大臣受命于国君。家庭关系上，儿子受命于父亲，妻子受命于丈夫，这一层层的统治关系，都合乎天的意志。他还提出"三纲五常"，即"君为臣纲，父为子纲，夫为妻纲"等，这是董仲舒的道德哲学。他的目的就是要把一切秩序化、合理化。他的政治思想成为汉朝统治者以及历代封建王朝巩固中央集权制、维护统治的重要工具。

他的政治思想是建立在他的哲学观基础之上的。董仲舒的基本哲学观是"天人感应"、"天人合一"。他认为天是至高无上的，有意志的，天生万物是有目的的，人与天是相合的。他还认为"道"源出于天，"天不变，道亦不变"，即是说"三纲五常"、"大一统"等维护统治秩序的"道"是永远不变的。他认为人的一切活动都受命于天，

帛画　西汉
该帛画体现了较为浓厚的"天人合一"观念。

云气神兽图　西汉
该图体现了"天人合一"的思想。

包括认识活动。人认识的目的就是了解天意，人通过内省可以判断是非，达到"知天"的目的，通过对阴阳五行的观察，能了解天意、天道。他还认为人与神相沟通是通过祭祀来达到的，这一活动能使人知道天命鬼神，看到日常见不到的东西。由此可见，"天人感应"和神学是分不开的，他是正宗神学的奠基者。

对于皇位的更换和改朝换代等现象，他也做了很好的解释，他提出了"谴告"与"改制"之说，谴责、警告统治者：如果为政有过失，天就出现灾害；如果不知悔改，就出现怪异和惊骇；若是还不知畏惧，大祸就会临头，历史是按照必然的顺序循环不已的。

董仲舒在人性论上主张性三品说：性是由天决定的，天生质朴，但是却要"待外教然后能善"，即人性善是教育的结果，君王对人民的教化也要顺乎天意。

董仲舒是思想家、哲学家、神学家，也是著名的经济学家，他提出"限民名田"、"盐铁皆归民"、"去奴婢"、"薄赋敛、省徭役"等改良主张，在当时具有进步意义。

名 人 轶 事

董仲舒墓（下马陵）

董仲舒墓也叫下马陵。董仲舒去世后，汉武帝亲自为他选择安葬之地，并在陵前修建董子祠。出于对董仲舒的尊敬，汉武帝每次经过他的陵园时，在30丈之外，便下马步行，随从臣子照例这样做。从此后便形成了一条不成文的规矩：上至达官显贵，下至平民百姓，骑马者，乘轿者，凡经过董仲舒的墓前，都要下来步行。下马陵由此得名。关中方言"下马"也称作"蛤蟆"，故而又叫"蛤蟆陵"。

据说，明朝初年，朱元璋的儿子重建长安城时，曾下令把"下马陵"拒之城外，谁知修了整整10年的长安城建好后，"下马陵"不知怎么的仍在城内。他十分恼怒，三番下令北移南城墙，还专门修了一条又宽又深的护城河，用以阻隔。可是，"下马陵"最终还在城里，长安城的南大街却越来越短。

姓　　名：王充，字仲任
生卒年：27～约97
祖　　籍：东汉会稽上虞（今浙江上虞）
性　　格：好学沉思、勇敢无畏，具有怀疑与斗争精神
家　　庭：出身于平民家庭

王充

第一个疑古问孔的唯物思想家

王充塑像

王充是东汉时期杰出的唯物主义思想家。祖父、父亲在钱塘"以贾贩为事"。王充自幼聪明好学，青年时期曾到京师洛阳入太学，拜班彪为师。"家贫无书，常游洛阳市肆，阅所卖书，一见辄能诵忆，遂博通众流百家之言"。

王充一生在政治上很不得志，相传曾做过几任州、县的官吏，但都没什么实权，多系幕僚性质。因为他嫉恨俗恶的社会风气，常常因为和权贵发生矛盾而自动辞职。因此，每次仕进都为期极短。他把毕生的精力投入著书立说，居贫贱而不倦。他一生撰写了《论衡》、《政务》和《养性》等著作，其中《论衡》一书流传至今。

王充的著述活动也不是一帆风顺的，经常遭到社会舆论的非难。以致他的学说一旦问世，便被视为异端邪说，甚至遭到禁锢。王充冲破种种阻力，坚持著述。他在《论衡》一书中系统地清算和批判了神秘主义的思想体系，确立了唯物主义思想。

汉代的唯心主义神学，鼓吹天是至高无上的神，像人一样具有感情和意志，大肆宣传君权神授和"天人相与"的天人感应说。宣扬"天子受命于天"，"承天意以从事"；

名 人 轶 事

王充讽刺刘邦

王充曾辛辣地讽刺汉高祖刘邦是其母与龙交配生出来的龙子的谎言。他说动物之间，只有同类的东西才能相互成为配偶。牡马见雌牛，雄雀见牝鸡，是决不会交配的，因为它们不同类。天地之间，异类之物相与交接，这是从未有过的事情。现在龙和人不同类，怎能相感而生出后代来呢？如果汉高祖真是龙的儿子，那么，子性类父，龙会腾云驾雾，难道汉高祖也有这种本事吗？作为龙的儿子，汉高祖的模样也应该和龙一样，但事情并不如此。

天神能赏善惩恶；君主的喜怒，操行好坏和政治得失都会感动天神做出相应的报答，而自然界的变异和灾害就是天神对君主的警告和惩罚。王充针锋相对地指出：天是自然，而不是神。他说，天和地一样，是客观存在的平正无边的物质实体，它有自己的运行规律。日月星辰也都是自然物质，"系于天，随天四时转行"。天和人不一样，没有口眼，没有欲望，没有意识。

在王充生活的时代，各种鬼神迷信泛滥。王充在《论衡》中对各种迷信活动及其禁忌，尤其是对"人死为鬼"的谬论进行了深刻的批判。他很风趣地说，从古到今，死者亿万，大大超过了现在活着的人，如果人死为鬼，那么，道路之上岂不一步一鬼吗？王充认为人是由阴阳之气构成的，"阴气主为骨肉，阳气主为精神"，"精神本以血气为主，血气常附形体"，二者不可分离。他指出："天下无独燃之火，世间安得有无体独知之精！"也就是说，精神不能离开人的形体而存在，世间根本不存在死人的灵魂。

王充在《论衡》一书中还否定了圣人"神而先知"，"圣贤所言皆无非"。为了适应封建专制主义中央集权的统治需要，汉代的唯心主义神学极力推崇古代的圣人，说圣人是天神生的，"能知天地鬼神"，"人事成败"和"古往今来"。王充虽然也承认孔子是圣人，并且也不反对孔子所提倡的封建伦理道德。但他批判了圣人"前知千岁，后知万岁"，有独见之明，不学自知的唯心主义先验论。他认为圣人只不过是比一般人聪明一些，而聪明又是来自于学习。

《论衡》涉及自然科学、哲学、伦理学、宗教和社会生活等诸多方面，阐明了以唯物主义为基本特征的世界观。全书共85篇（现存84篇），分30卷，约30万字。《论衡》是王充从33岁开始，前后用了30多年的时间，直到临死前才写成的，是他毕生心血的凝结，是中国传统文化中的宝贵财富。

姓　名：朱熹，字元晦，号晦庵，别称紫阳
生卒年：1130～1200
祖　籍：徽州婺源
性　格：执着、好学
家　庭：出身于儒学世家。父亲朱松为进士，
　　　　以教书为业

朱 熹

理学的集大成者

朱熹像

朱熹19岁登进士第，赐同进士出身。22岁授泉州同安县主簿。24岁求师于李侗，树立了儒家思想的坚定信念。南宋绍兴三十二年（1162年），孝宗即位，朱熹上书陈事，第二年得孝宗召见，朱熹面奏三札，不被皇帝采纳，后因主张抗金，与主和派首领、宰相洪适意见不和辞职而归，差监南岳庙。屡次上谏被拒后，朱熹致力于授徒讲学，潜心学术，形成了完整的理学体系。15年后，又先后任南康军、直秘阁修撰。在任上他勤勉为民，深得百姓爱戴。后被推荐为焕章阁待制兼侍讲，给宁宗皇帝讲授《大学》。可是没多久，就因激烈党争而被罢免，从此绝意于官场。

庆元三年（1197年），朱熹被定为"伪学之首"，史称"庆元党禁"，还被编造了十大罪状。两年后，朱熹病逝。9年后，宁宗皇帝诏赠他"遗表恩泽"并赠谥号为"文"，追赠中大夫，还特赠学士等头衔。20年后，理宗亲题"考亭书院"，赠朱熹为太师，追封信国公，从祀孔庙。

朱熹是一位伟大的思想家、哲学家、教育家，他平生致力于著书立说、创办书院、讲学传道，是中国继孔孟之后的一代宗师。

朱熹对后世影响最大的是他的学术思想。在哲学思想上，他从二程关于理气关系的学说、集理学之大成，发展成为一个完整的客观唯心主义的理学体系，世称朱程学派，又称闽学、考亭学派。他认为"理在先，气在后"，但其宇宙形成说却能接受古代科学成果，主张阴阳二气的演化论等。在人性论上，朱熹学说的核心是"存天理而灭人欲"，他把封建伦常、忠孝仁义抽象为先天至高的"天理"，要求人们摒除私欲、摒除物质世界的一切诱惑，通过正心诚意、克己复礼，使人性纯化而归复"天理"。其社会历史观，又主张恢复三代之治，愿"周孔之道常在"。他的理学被后世帝王改造为统治思想的基础，在明清两代被奉为儒学正宗的地位，把他与孔子相提并论。清康熙帝把他的牌位抬入孔庙，列为十哲之次。他的哲学观点影响中国封建社会末期长达600多年之久。

朱熹的学术著作很多，在哲学、经学、经济、政治、史学、文学、佛学、乐律、道学、伦理、逻辑乃至自然科学中许多科学都有专门的论述和涉及，如《四书集注》、《太极图说解》、《通书解说》、《周易读本》、《楚辞集注》等，后人辑有《朱子大全》、《朱子集语象》等。所著之书被元、明、清三朝定为开科取士的必读之书，他的《四书集注》及朱子学的经学注释在元仁宗时就成为钦定的教科书和科举考试的标准。明初所修的《四书大全》、《五经大全》、《性理大全》，朱熹的著作是主要内容。

朱熹也是颇具文学修养的理学家，但是他对前人多有抨击，尤其是对唐宋古文家，从一定程度上阻碍了文学的发展。

名 人 轶 事

重兴白鹿洞书院

朱熹在南康任职期间，看到曾与岳麓、睢阳、石鼓并称"天下四大书院"的白鹿洞书院栋宇不存，已成一片废墟，极为伤心。于是便再三向朝廷请求重兴白鹿洞书院，并得到孝宗皇帝的批准。书院落成之日，他饮酒赋诗，并做《白鹿洞成告先圣文》，还屡次请求孝宗皇帝为白鹿洞书院题匾、赐太上皇帝御书石经、监等九经流注疏。

他还亲自制订《白鹿洞书院教规》，以父子有亲，君臣有义，夫妇有别，长幼有序，朋友有信为教育目的；以"博学之，审问之，慎思之，明辨之，笃行之"为学之序。以"言忠信，行笃敬，惩愤窒欲，迁善改过"为修身之要；以"正其谊，不谋其利；明其道，不计其功"为处事之要；以"己所不欲，勿施于人；行有不得，反求诸己"为待人接物之道；以"循序渐进"为学习的方法，以"熟读精思"为学习原则。

当时，白鹿洞书院规模和教学质量均为全国之冠。

姓　名：王阳明，名守仁，字伯安，自号阳明子
生卒年：1472 ～ 1528
祖　籍：浙江余姚
性　格：秉性忠直、忍辱负重
家　庭：出身于豪门。父亲官至兵部尚书

王阳明

心学大师

王阳明像

王守仁是明代著名的思想家，世称阳明先生，谥文成，后人称王文成公。他出身官僚地主家庭，从小接受儒家正统教育，"才兼文武"，有"奇智大能"，28 岁中进士，第二年步入仕途。

年轻的时候，他是程朱理学的追随者。为了实践朱熹"格物穷理"的理论，他曾"格竹子"七天七夜，试图从中领悟出永恒不变的真理，最终不但一无所获，人也因思虑过度累病了。他在极大的失望中，不得不放弃这种尝试，并对程朱理学产生了怀疑和动摇。在以后的生活中，他利用一切可以利用的时间和条件，游历高山名川，交游道士，苦苦思索哲学理论。1506 年，他因上书请求"去奸臣"，得罪了专权的刘瑾，被贬官到龙场（今贵州修文县）任驿丞。在那里，他日夜静坐沉思。一日深夜，他突然悟出"心即理"，明白了"真理就在自己心中，根本不用向外求"的道理。他在这里得"道"，被后人称为"龙场悟道"。从此，王阳明的思想由客观唯心主义转变为主观唯心主义，并在不断地思考和探索中，建立起完整的理论体系。

"心即理"是王阳明的"立言宗旨"，是他哲学思想的核心。他以此否定了朱熹"即物穷理"的思想，认为心和理是一个东西，是不可分的，天下的真理都包括在人心中。他还认为，心外不仅无"理"而且无"物"，他说："有是意，即有是物；无是意，

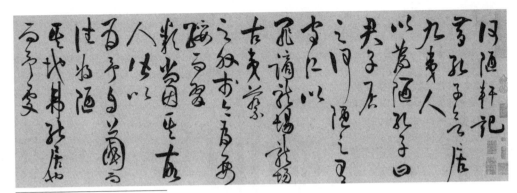

草书何陋轩记卷（局部）明 王阳明

即无是物。"认为客观事物是人的意志活动的结果，离开人的意志，便没有客观事物的存在，是人的意志决定物质，因此，他的哲学是典型的主观唯心主义。

在"知行"问题上，王阳明提出了"知行合一"的主张，以此否定朱熹的"知先行后"说，认为知行本来就是一体的，"一念发动处即是行"，知本身就是行动。因此，要形成良好的道德行为，必须从修"心"做起，去"破心中贼"。

晚年，王阳明提出"致良知"的主张。认为"良知"是人心中固有的道德和是非观

念。"致良知"就是要通过内心的省查存养功夫，保持良知不丧失，让天理良心常在，就成为好人了。他想借助道德教化的力量，加强对人心的控制，以挽救明王朝的社会危机。

王阳明做官的成就没有做学问的成就大。但是在做官期间，他还是为老百姓说出了一点心里话。在一定程度上指出了当时的政治弊病。同时为老百姓做了很多实事，受到人们的称赞。刘瑾倒台以后，他的官位一路高升，并成功地解决了南赣的多起叛乱。在平定宸濠之乱后，就称病住在寺院。以后的绝大部分时间都是在讲学。1528年他镇压了思恩、田州、八寨等少数民族的起义，第二年去世。

他的主要作品有《传习录》、《大学问》，后人把他的作品辑录为《阳明全书》。

姓　名：康有为，原名祖诒，字广厦，号长素
生卒年：1858 ～ 1927
祖　籍：广东南海
性　格：偏执、狂傲、深刻、睿智
家　庭：出身于官僚地主家庭

康有为

清末维新运动的发起者

康有为像

康有为出生于官僚地主家庭，11 岁父亲去世，随祖父读书，深受程朱理学的熏陶。他博览群书，受到良好的传统教育，功底很深。在清政府发行的官署《邸报》中，康有为了解到京师风气和早期维新派的政论。1879 年，康有为游历香港，接触到《西国近事汇编》和《环游地球新录》两书，开始关注西方的文明制度和政俗习惯。3 年后又到上海，多方求购西学书籍，深入研读之后，深感"西人治术之有本"，思想上萌发了学习西方，进行维新变法的要求。

中法战争，中国不败而败。康有为开始把拯救民族危机、抵御外来侵略、学习西方之长、实行维新改革看成自己的责任。1888 年，到北京参加顺天乡试时，康有为写下长达 5000 言的《上清帝第一书》，他提出"变成法，通下情，慎左右"的建议，希望清政府实行改革。上书未达，康有为就已名噪京师。

1891 年，康有为在广州长兴里万木草堂聚徒讲学。他认为治学莫大于救国，于是，他将学术研究同政治改革密切结合起来，致力于培养维新人才，用爱国主义精神教育学生，他要把学生引导到维新变法的轨道上来。在讲学过程中，康有为写成了两部理论著作《新学伪经考》和《孔子改制考》。这两部书表面上是历史考证的著作，实际上是戊戌变法的理论著作。

　　1895 年 5 月，康有为和弟子梁启超联合在北京会试的 1300 名举人联名上书清帝，提出"变法成天下之治"的主张，坚决反对李鸿章与伊藤博文签订丧权辱国的《马关条约》，这就是著名的"公车上书"。从此以后，他不仅是变法理论的导师，而且成为维新运动的领袖。从 1888 年至 1898 年，康有为先后 7 次上书清帝，设计了一个以君主立宪为主体的救国方案，反复申述和论证了他的政治主张。康有为的第 6 次上书，即《应诏统筹全局折》，他从事物发展规律的高度，论述变法的必要，从而得出"变法而强，守旧而亡"的结论。这次上书收到了一定的效果，康有为受光绪帝之命提出了变法的具体步骤，即"大誓群臣以革旧维新"、"开制度局于宫中"、"设待诏所许天下人上书"三大急务。1898 年他又向光绪帝呈上一部《日本政变考》，目的是要中国效仿日本明治维新，采纳西政，实行君主立宪制度。

　　康有为在极力争取皇帝支持，实行自上而下改革的同时，也把目光投向社会。1895 年，他领导创建了维新组织强学会，创办《中外纪闻》、《强学报》等维新刊物。1898 年 4 月，以"保国、保种、保教"为宗旨组织保国会。

　　1898 年 6 月 11 日，光绪帝终于采纳康有为的建议，下诏变法。6 月 16 日，在颐和园勤政殿，光绪帝特旨召见康有为。光绪帝命他在总理衙门章京上行走，谭嗣同、杨锐、刘光第、杨深秀等人入军机处任章京担负具体职务，推行新政，为了便利康有为为皇帝出谋划策，光绪帝又特许他专折奏事。在百日维新中，康有为充当了政治改革方案的设

强学会址旧照

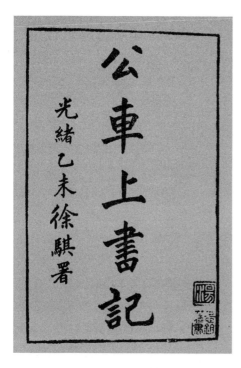

《公车上书记》书影

计师，光绪帝发布的一系列新政，基本上是根据康有为等维新人士的改革建议颁行的，其内容涉及政治、军事、经济、文教等各方面。

随着维新运动的深入发展，维新派与顽固守旧派之间的矛盾也日益激化，双方争斗越来越激烈。慈禧太后于9月21日发动政变，绞杀了新政。光绪帝被幽囚，康有为、梁启超逃亡国外，谭嗣同、林旭、杨锐、刘光第、杨深秀、康广仁六君子被杀害。变法仅仅持续103天，就以失败而告终，故史称"百日维新"。

变法失败后，康有为在海外流亡了16年之久，他周游列国，继续寻找救国救民的方案。1900年，唐才常在上海发起国会，组建"自立军"，准备发动起义。康有为积极参与其事，帮助筹饷购械。由于迷信皇权，康有为思想渐趋保守，在海外组织保皇会，与孙中山领导的资产阶级革命派展开了论战。辛亥革命后，康有为于1913年回国，在上海担任孔教会会长，创办《不忍》杂志，提倡以孔教为国教。1917年，为支持张勋复辟帝制，康有为来到北京，这次复辟帝制几天工夫便被粉碎，康有为的政治生涯就此结束。1919年的五四运动中，他致电犬养毅，要求日本政府从山东撤军，归还青岛。1922年7月，他怒斥湖南省长赵恒惕分裂国家的"联省自治论"。

1927年3月31日，康有为与世长辞，终年70岁。

名 人 轶 事

康有为做地产生意

康有为通过在海外经商、做地产生意，以保障活动经费。1906年（光绪三十二年）春节，康有为访问墨西哥，利用各地华侨提供的捐款，购置电车轨道经过之处的地产；不久以后，这些地价上扬好几倍，得到10多万银圆（墨洋）的赢利。

中华民国成立后，1913年康有为由日本回国。广东政府发还被清朝抄没的康氏家产，但是康有为决定迁居上海，就将广东房产变卖，在上海买入地皮。转眼上海地皮飞涨，康有为从中获利很多。

1921年，已届64岁的康有为，又在愚园路（当时为英租界越界筑路地段）自购地皮10亩，建造了一座中西合璧的花园住宅，取名"游存庐"。此后在上海文化史上以"康公馆"著称。

文学名人

生卒年：约公元前 9～前 8 世纪
国　　籍：古希腊
出生地：小亚细亚
性　　格：睿智、博学、想象力丰富
家　　庭：出身于平民

荷马

最伟大的史诗作家

　　在古希腊，荷马被尊为民族诗人，荷马史诗更被视为是民族智慧的宝库。整个古代对荷马的普遍流行的看法是，他是一个上了年纪的盲人歌手，过着流浪的生活，是《荷马史诗》（包括《伊利亚特》和《奥德赛》两个部分）和很多其他诗歌的作者。而根据《伊利亚特》和《奥德赛》的内容判断，荷马可能生活在公元前 9 世纪至前 8 世纪。

　　《荷马史诗》是古希腊保存下来的最早的文学作品。《伊利亚特》共 24 卷，15693 行，以特洛伊战争传说为题材，反映了希腊氏族社会转型时期的社会生活图景。希腊联军统帅阿伽门农抢了阿波罗神庙祭司的女儿，阿波罗为此用神箭射死了很多希腊人，并把瘟疫降临到希腊军营。勇猛善战的希腊英雄阿基里斯坚决要求阿伽门农释放祭司的女儿，后来遭到了阿伽门农的羞辱。大怒之下，阿基里斯拒绝出战，希腊人因此屡战屡败。这给了特洛伊人喘息的

图中诗人荷马端坐在王位上，正在接受缪斯女神授予的桂冠。这表现了"荷马之神化"在当时社会的普及，也反映了希腊文化中对文学不断增长的兴趣。

荷马吟咏史诗图
古希腊著名诗人荷马正在爱奥尼亚一条大路旁，一边演奏竖琴，一边吟唱歌颂特洛伊英雄的史诗。

机会，他们的统帅赫克托尔大举反攻，把希腊人打到了海边，并要乘势烧毁希腊人的舰船。危急时刻，帕特洛克罗斯借用阿基里斯的盔甲和盾牌，动摇了特洛伊人的斗志，击溃了他们的进攻。但就在反攻到特洛伊城门的时候，赫克托尔杀死了帕特洛克罗斯，并夺走了盔甲和盾牌。亲密战友的死让阿基里斯非常悔恨，他重新上阵，杀死了赫克托尔，为帕特洛克罗斯举行了隆重的葬礼。

《奥德赛》共24卷，12110行，描写的是特洛伊战争结束后，希腊英雄、伊大卡国的奥德赛国王返回故乡和复仇的经历。战争结束后，奥德赛和他的同伴因遇到风暴而开始了在海上长达10年的漂流生活，他们先后遇到了食枣人、吃人的独眼巨人、风神和仙女吕普索等人，并被吕索普强留了7年。后来，在大海女神的帮助下，他们漂到了法雅西亚国王的岛上，并在国王的帮助下最后返回了家乡伊大卡岛。在奥德赛漂流的最后3年中，有100多人聚集在他的家中，向他美丽的妻子珀涅罗珀求婚，但遭到拒绝。这些人终日在那里宴饮作乐，挥霍奥德赛的财产。奥德赛回到伊大卡岛后，先和儿子见了面，然后化装成乞丐进了自己的家，借机逐个杀死了向他妻子求婚的人，夺回了自己的财产，最后与珀涅罗珀团聚，重登伊大卡国的王位。

《荷马史诗》对古希腊的天文、地理、历史、哲学和文学艺术的发展都产生了深远的影响，后来欧洲的许多作家从这两部史诗的故事和人物形象中吸取了素材。而荷马也因此成为最伟大的史诗作家。

生卒年：1265 ～ 1321
国　　籍：意大利
出生地：佛罗伦萨
性　　格：激情似火、矢志不渝
家　　庭：出身于没落的骑士家庭。父亲经商

但丁

文艺复兴的旗手，划时代的诗人

手持《神曲》的但丁像

　　但丁幼年时由姐姐照管，早年师从著名学者布鲁内托·拉蒂尼，他后来十分感激拉蒂尼对自己的教导，称拉蒂尼是"伟大的老师"，"有父亲般的形象"。10岁时，他就攻读完了古代罗马作家维吉尔、奥维德和贺拉斯等人的作品，对维吉尔推崇备至，视之为理性的象征和引导自己走出人生迷途的第一位导师。但丁的青年时代是在饱览群书中度过的，他勤奋好学，求知欲十分强烈，曾经到帕多瓦、波伦那和巴黎等地的大学深造，对美术、音乐、诗学、修辞学、古典文学、哲学、神学、伦理学、历史、天文、地理和政治都有很深的研究，成了一个多才多艺、学识渊博的学者。

　　但丁少年时曾经历了一场刻骨铭心的爱情。那是一位名叫贝娅特丽齐的少女，她的端庄、贞淑与优雅的气质令但丁一见钟情，再也不能忘记。遗憾的是贝娅特丽齐后来遵从父命嫁给一位银行家，婚后数年竟因病夭亡。悲伤不已的但丁将自己几年来陆续写给贝娅特丽齐的31首抒情诗以散文相连缀，取名《新生》结集出版。诗中抒发了诗人对少女深挚的感情，纯真的爱恋和绵绵无尽的思念，风格清新自然，细腻委婉，是西欧文学史上第一部剖露心迹、公开隐秘情感的自传性诗作。1291年，在亲友的撮合下，但丁与少女盖玛结婚，生有两男一女。

　　早在青年时期，但丁就以激昂的热情投身政治运动，反对封建贵族的统治和罗马教皇对佛罗伦萨的干涉。后来，教皇重新控制了佛罗伦萨政权，1302年，但丁被没收全

在遇到贝娅特丽齐的当晚，但丁就做了一个梦，梦见一位面貌庄严的神，抱着裹在一条深红色被单里的贝娅特丽齐。神的手里拿着一颗燃烧的心，这颗心象征着但丁的爱情。转瞬之间，神带着悲哀的贝娅特丽齐升天而去。这个梦象征着但丁对贝娅特丽齐的强烈爱情和两人的悲剧结局。

但丁的小舟
此图描绘了《神曲·地狱篇》中的一节，表现了但丁（戴头巾的男子）同维吉尔乘小舟渡过地狱之湖时，受到永久惩罚的死亡者企图爬到小舟上的情景。

部家产，并被判处终身流放，他从此再未回过故乡。在流放初期，但丁写了《飨宴》、《论俗语》和《帝制论》三部作品。《飨宴》是意大利第一部用俗语写成的学术著作，向读者介绍古今科学文化知识并赞颂人的伟大；《论俗语》以拉丁文写成，为意大利民族语言和文学语言的发展奠定了理论基础；《帝制论》则从理论上阐述了政教分离、反对教皇干涉政治的观点，向居于统治地位的神权提出了挑战。

从 1307 年至 1321 年，但丁历时 14 年之久，完成了伟大的史诗《神曲》。《神曲》分为《地狱》、《炼狱》、《天堂》三部，通过对但丁幻游地狱、炼狱、天堂中遇到的上百个各种类型人物的描写，以广阔的画面，反映出意大利时代转折时期的现实生活和社会变革，透露出了人文主义的新思想，为文艺复兴运动的兴起开辟了道路。此外，这部长诗对中古的政治、哲学、科学、神学、诗歌、绘画和文化作了艺术性的阐述和总结，不仅在思想性、艺术性方面攀越了时代高峰，而且成为一部传授知识的百科全书式的鸿篇巨制。

但丁晚年时，与妻子盖玛和已经长大成人的三个孩子在拉文那团圆，得享天伦之乐。1321 年，但丁因患疟疾不治身亡，享年 56 岁。

生卒年：1564～1616
国　　籍：英国
出生地：英国中部的斯特拉福镇
性　　格：情感丰富、敏锐执着
家　　庭：出身于农民家庭

莎士比亚

英国最伟大的诗人和剧作家

莎士比亚，英国戏剧家和诗人。无论古今和以任何语言创作的作家，一般都认为莎士比亚是最伟大的作家。

　　莎士比亚的父亲早年是自耕农，1551年迁居到斯特拉福镇，开经销皮革制品兼营农产品的店铺，1557年同当地的富家女儿玛丽·阿登结婚，生了8个子女，存活5人，莎士比亚排行老大。莎士比亚4岁时，父亲当选为镇长。7岁时，他进入当地圣十字文法学校，学习拉丁语、文学和修辞学。14岁时，父亲经商失利，莎士比亚离开学校，给父亲当助手。1582年，18岁的他与大自己8岁的邻乡富裕农民的女儿安·哈瑟维结婚，育有一男二女，儿子在11岁时夭亡。

　　1586年，莎士比亚来到伦敦，在一家剧院门口当马夫，侍候骑马前来看戏的富人。他头脑灵活，口齿伶俐，工作之余，还悄悄地看舞台上的演出，并坚持自学文学、历史、哲学等课程，还自修了希腊文和拉丁文。当剧团需要临时演员时，他就去演一些配角，不久就被剧团吸收为正式演员。那时候，伦敦的剧团对剧本的需要非常迫切。莎士比亚在学习演技的同时，也开始编写一些剧本。27岁那年，他写的历史剧《亨利六世》三部曲被改编上演后，大受观众欢迎，莎士比亚逐渐在伦敦戏剧界站稳了脚跟。

　　莎士比亚一生创作出两部长篇叙事诗，37个剧本，154首十四行诗和一些杂诗，代表作品众多，如《威尼斯商人》、《无事生非》、《皆大欢喜》、《第十二夜》四大

"在小溪之旁，斜生着一株杨柳……她一个人到那去，用毛茛、荨麻、雏菊和紫罗兰编成了一个个花圈，替她自己做成了奇异的装饰。她爬上根横垂的树枝，想要把她的花冠挂在上面，就在这时候，树枝折断了，连人带花一起落下呜咽的溪水里。她的衣服四散展开，使她暂时像人鱼一样漂浮水上；她嘴里还断断续续唱着古老的谣曲，好像一点不感觉到什么痛苦，又好像她本来就是生长在水中的一般。"这是王后形容哈姆雷特的情人奥菲莉娅死时的情景，即如本图所绘。

喜剧，以及《奥赛罗》、《李尔王》、《麦克白》、《哈姆雷特》四大悲剧等。他的作品，深刻地描绘了英国当时的社会生活状况，暴露现实，批判现实，塑造了哈姆雷特、李尔王、奥赛罗、麦克佩斯、夏洛克、理查三世、福斯塔夫等等不朽的艺术典型；包含着丰富的思想内容和哲理，熔现实主义和浪漫主义于一炉，既继承了古希腊、罗马和英国的优秀文化传统，又吸收了欧洲各国的新文化、新思想和创作技巧；打破了传统戏剧的创作模式，打破了悲、喜剧的界限；把民间口语、谚语、俗语、格言等汇集在作品之中，具有强烈的感染力与表现力，极大地丰富了英国语言。

　　大约在 1610 年，莎士比亚回到故乡，同女儿苏珊娜和裘迪丝住在一起，仍然给剧团编写剧本。1616 年，他因病逝世，被葬于镇上的圣三一教堂。他的墓碑上刻着这样的碑文："看在上帝的面上，请不要动我的坟墓，妄动者将遭到诅咒，保护者将受到祝福。"

名　人　轶　事

　　莎士比亚成名时所受到的尊重远不如今天，当时的剧作家都是受过高等教育的大学精英分子，他们对来自农村、学历浅薄的莎士比亚突然成为剧坛的明星，深感不安，羞与为伍。名噪一时的戏剧作家格林在写给同行的信中公开攻击莎士比亚是"一只青云直上的乌鸦，利用我们的羽毛美化自己，用演员外衣掩盖起虎狼之心"，还辱骂莎士比亚"自以为写了几句虚夸的无韵诗就能同你们中最优秀的人媲美，他是地地道道的打杂工，却自以为在英国只有他才能'震撼舞台'"。

生卒年：1749 ～ 1832
国　籍：德国
出生地：法兰克福
性　格：多情、好学
家　庭：出身于贵族家庭。父亲是皇家参议，
　　　　母亲是市长的女儿

歌 德

德国文学的旗帜

幼年的歌德接受了良好的教育，父亲希望他将来成为一名律师，就让他学习英、法两国文字和一些实用知识；他又深受母亲的影响，学习德国和意大利的文学。1770 年进斯特拉斯堡大学攻读法学，次年获得学士学位。在斯特拉斯堡大学期间，歌德接触了莎士比亚、荷马等人的作品，深受他们创作风格的影响。1774 年，他发表了《少年维特之烦恼》，使他声名大噪。1775 年他应邀到魏玛，次年被任命为魏玛公国的枢密顾问。在 1786 年以前，他成了魏玛公国的重臣，曾一度主持公国大政，力图进行一些改革。然而他对科学研究与文 随着各方面阻力的增强，加上学创作的爱好，他陷入一种矛盾的痛苦之中，他在 1786 年秋不辞而别，化名潜往意大利，直到 1788 年 6 月才返回魏玛。

在意大利的旅行是歌德一生的重要转折时期，他重新

歌德是世界上公认的文学巨匠之一，这位多产而作品多样的欧洲人，曾是戏剧、绘画、政治、哲学等方面卓有成就的行家，他拥有像奥林匹斯诸神般的智慧，却一生都在内心深处保持着爱情和烦恼的相互震撼。此图描绘的是歌德手持夏绿蒂的剪影，眼中充满无限深情。

在玛丽安娜家中的晚宴上，歌德与女主人的朋友们一同读书谈论。

认识了自己的过去，并在罗马结识了很多艺术家，使自己文思大进，而意大利如诗如画的风景，也更加丰富了他作为诗人的想象力。回到魏玛后，歌德专心于文学艺术创作，先后完成了戏剧《哀格蒙特》、《托夸多·塔索》。1796年，歌德结识了著名诗人席勒，两人合作无间，共同将德国文学推向了一个前所未有的新高度，并使魏玛这座小小的公国都城一跃成为当时德国与欧洲的文化中心。也正是在席勒的鼓励下，歌德再次提笔创作青年时期就开始构思的巨著《浮士德》，并在1808年出版了第一卷。此后的时间里歌德一直在撰写《浮士德》的第二卷，并在1831年出版。1807年，歌德与和他同居了18年的克里斯汀结婚，那时，他们两人所生的孩子已经17岁了。

歌德写作《浮士德》，前后共花去了58年的时间，差不多可以说是以毕生之力完成的。歌德于1831年最终完成此书时，他曾在日记中写道："主要的事业已经完成"，"以后的生命我可以当作是纯粹的赐予了。我是否做什么或将做什么现在已经完全无所谓了"。《浮士德》塑造了一个不断探索人生真谛、不断进取的形象。主人公浮士德年届百岁、双目失明，仍然认为人生应当"每日每夜去开拓生活和自由，然后才能享受自由和生活"，这体现了资产阶级上升时期追求真理、自强不息的精神，也是德意志民族优秀传统的反映。所以，这部著作被德国铁血宰相俾斯麦称为是德国"世俗的圣经"。

1832年3月22日，在《浮士德》第二卷出版的第二年，歌德在魏玛逝世，享年83岁。

生卒年：1799 ～ 1850
国　　籍：法国
出生地：都兰纳省的图尔城
性　　格：执着、坚强、追求完美
家　　庭：出身于中产阶级家庭。父亲是金融实业家

巴尔扎克

法国现实主义文学的里程碑

巴尔扎克是法国著名的批判现实主义作家，一生创作颇丰，作品多集中反映19世纪的法国社会人生百态，虽然作品结集《人间喜剧》，而贫疾交加的巴尔扎克却最终以悲剧收场。

巴尔扎克从小就不讨父母的欢心，刚生下来便被送到乡下的奶妈家寄养。8岁时，又被送到当地的一所教会学校寄读。学校的管理非常严格，他因为顽皮又懒于做功课，学习成绩很差，有一次拉丁文考试，全班35名学生，他名列第32名。父母和老师都觉得他将来不会有什么出息。

1816年，巴尔扎克进入大学学习法律，先后在律师事务所和公证人事务所当书记员。这段生活使巴尔扎克熟悉了复杂繁琐的诉讼业务，也观察到了千奇百怪的巴黎社会，丰富了生活的经验。1819年，巴尔扎克从学校毕业，原本应该顺从父意进律师事务所，但他却突然对家里人宣布，他要当作家。为此，父子之间的关系越来越紧张，父亲甚至决定要中断对他的经济支持，以使他回心转意。最后，父亲答应给他两年的试验期，如果在此期间巴尔扎克没有表现出足够的才能，取得令人信服的成绩，他就必须回到律师事务所。此后，巴尔扎克搬进郊区的一间小阁楼，开始了文学创作生涯。1820年4月底，经过半年的努力后，他写出了一部诗体悲剧《克伦威尔》，但是，当他在家里花了4个小时向家人和朋友朗读自己的作品时，听的人说他的作品索然无味，巴尔扎克的第一次创作失败了。他又决定转而写小说，但同样失败了。1821年，两年试验期已过，巴尔扎克没有写出像样的作

品来，但他仍然坚持自己的想法，生气的父亲断绝了他的经济来源。

失去了家里经济支持的巴尔扎克立即陷入贫困的境地。为生计所迫，他写过一些庸俗作品，与出版商合作出过书，还经营过铸字厂和印刷厂，但这些都无一例外的失败了。他还欠下了6万法郎的债务。这段经历使巴尔扎克对法国社会的下级阶层，以及人与人之间冷酷的金钱关系有了深刻认识，这些成为他后来文学创作中最重要的主题。巴尔扎克重新回到了严肃的文学创作道路上。1829年3月，他出版了长篇小说《朱安党人》，开始成为引人注目的作家。在此后的三四年里，他又接连写出了《驴皮记》、《夏倍上校》、《钱袋》、《欧也妮·葛朗台》等二十几部小说。1841年，巴尔扎克制定了一个宏伟的创作计划，决定写137部小说，分风俗研究、哲理研究、分析研究三大部分，总名字叫《人间喜剧》，以求全面反映19世纪法国的社会生活，写出一部法国的社会风俗史。到巴尔扎克逝世时，《人间喜剧》一共完成了91部小说，其中最有名的就有《欧也妮·葛朗台》和《高老头》。

巴尔扎克虽然创作了数量惊人的小说，但到晚年时还是囊空如洗。1850年，他到乌克兰去和一个有18年交往的寡妇结婚，以摆脱自己经济拮据的窘境。但由于长年劳累，他的生命已经走到了尽头，回到巴黎后，就一病不起，在当年的8月18日逝世，享年51岁。

这是《欧也妮·葛朗台》的情景绘画，表现了老葛朗台用女儿来做诱饵，诱惑那些求婚者，以便从中渔利。

生卒年：1805 ～ 1875
国　籍：丹麦
出生地：丹麦的欧登塞
性　格：敏感、宽厚、热爱生活
家　庭：出身于贫穷家庭。父亲是一个鞋匠

安徒生

童话世界的国王

安徒生的父亲虽然是个鞋匠，却充满了对生活的热情。他常在睡前朗诵《天方夜谭》，这给幼小的安徒生带来了很大的影响。安徒生早年在慈善学校读过书，当过学徒工，受父亲和民间口头文学的影响，他自幼酷爱文学。11 岁时，父亲病逝，母亲改嫁，继父是一个冷酷无情的人，安徒生因此离开了家，在 14 岁时只身来到首都哥本哈根。

到哥本哈根后，安徒生以给人表演为生，几乎摁遍了达官贵人家的门铃。经过 8 年奋斗，他在诗剧《阿尔芙索尔》的剧作中崭露才华而被皇家艺术剧院送进斯拉格尔塞文法学校和赫尔辛基学校免费就读。1828 年，安徒生进入哥本哈根大学。毕业后始终找不到工作，主要靠稿费维持生活。1838 年获得作家奖金——国家每年拨给他 200 元非公职津贴。

安徒生的文学生涯始于 1822 年，早期主要撰写诗歌和剧本，但这些作品并不很成功。直到 1833 年，在出版了长篇小说《即兴诗人》后，安徒生才为自己赢得了声誉。也就是从这一年起，他开始写童话，出版了《讲给孩子们听的故事》，立刻得到了孩子

这是位于美国纽约中央公园的安徒生塑像，是专为儿童树立的地标。

该图描绘灰姑娘受到继
母虐待的情形。

们的广泛欢迎，人们争相阅读安徒生的童话故事，并渴望他发表新的作品，从此童话成
了安徒生的主要创作形式。他一生共写了童话 168 篇。

安徒生的童话具有独特的艺术风格，即诗意的美和喜剧性的幽默。前者为主导风格，
多体现在歌颂性的童话中，后者多体现在讽刺性的童话中。他的童话并不仅仅是一些新
奇有趣的事情，更多的是大量地反映现实生活中的人与事，下到平凡的、受屈的、穷苦
的老百姓，上到富贵的国王，都是他童话世界中的主人。安徒生的创作可分早、中、晚
三个时期。早期童话多充满绮丽的幻想、乐观的精神，体现现实主义和浪漫主义相结合
的特点。代表作有《打火匣》、《小意达的花儿》、《拇指姑娘》、《海的女儿》、《野
天鹅》、《丑小鸭》等。中期童话中幻想的成分减弱，现实成分相对增强，在鞭挞丑恶、
歌颂善良中，表现了对美好生活的执着追求。代表作有《卖火柴的小女孩》、《白雪皇后》、
《影子》、《一滴水》、《母亲的故事》、《演木偶戏的人》等。晚期童话比中期更加
贴近现实生活，着力描写底层民众的悲苦命运，揭露社会生活的阴冷、黑暗和人间的不
平，作品基调低沉。代表作有《柳树下的梦》、《她是一个废物》、《单身汉的睡帽》、
《幸运的贝儿》等。

成名后的安徒生，不仅成了孩子们的朋友，也成了欧洲各国君王们的座上客，他
们纷纷召见他，授给他最光荣的勋章。1875 年 8 月 4 日，安徒生因病去世，享年 70 岁。

生卒年：1828 ~ 1910
国　　籍：俄国
出生地：莫斯科远郊
性　　格：正直、执着
家　　庭：出身于贵族家庭。父亲是俄国伯爵，母亲是贵族之后

列夫·托尔斯泰

俄国文学的不朽丰碑

列夫·托尔斯泰，俄国小说家、道德哲学家和社会改革家，也是俄国最受人们喜爱的作家之一。其作品由于卓越的真实性和写实主义，以及对人物深刻的心理分析而赢得评论家的赞誉。

　　列夫·托尔斯泰父母早亡，在姑妈和家庭教师的教育下长大。他的幼年生活很有规律，早上学习德文和法文，下午做游戏和绘画。托尔斯泰家的庄园里有一所规模很大的图书馆，那是他的祖父和父亲建立起来的，藏书涵盖了文学、历史、哲学和自然科学等方面，托尔斯泰喜欢读的书是俄罗斯的英雄叙事诗和《一千零一夜》，而普希金是他最喜爱的诗人。

　　1844 年，托尔斯泰进入喀山大学学习，在那里受到了法国启蒙思想家的影响，开始了对沙皇专制和农奴制的不满，于 1847 年退学回家。回家后，他和平民们生活在一起，帮助农民耕种，最后因为厌恶贵族的生活，在 1851 年自愿去高加索服兵役。这是他一生中的一个重要转折点，他的艺术天才开始显露出来。他根据亲身经历写了《塞瓦斯托波尔故事》，又完成了《童年》、《少年》、《青年》三部曲、《一个地主的早晨》以及反映克里米亚战争的小说《高加索》。克里米亚战争结束后，托尔斯泰以陆军中尉的头衔退伍，来到了首都圣彼得堡。25 岁的他在那里受到了广泛的欢迎，

被公认为是果戈理的继承人，俄国文学的希望。后来，托尔斯泰去国外旅行，到过波兰、法国、瑞士、意大利、德国，最后回到了故乡。1863年，他与医生波尔斯之女索菲娅结婚，从此开始了一种互相热爱又互相折磨的婚姻生活，一直维持了48年之久。

1869年，托尔斯泰完成了长篇小说《战争与和平》，小说以俄法战争为背景，以四个贵族家庭成员的生活作为主要线索，反映出了1805年至1820年间俄国社会的重大变迁。绘声绘色、波澜壮阔的战争场面，以及和时代大局绞在一起的形形色色的生动人物，使这本花费了6年时间的巨著一经出版，就轰动了文坛，以后被翻译成了多国文字。1877年，托尔斯泰又写成第二部长篇小说《安娜·卡列尼娜》，以乡村生活为背景，反映出俄国农奴制改革后的复杂社会关系。1899年，他完成了第三部长篇小说《复活》，通过对两个主人公卡秋莎和聂赫留朵夫爱情经历的描写，深刻揭示了专制和压迫的俄罗斯社会制度。

晚年的托尔斯泰生活在极端苦闷之中，成年的孩子纷纷离开了家庭，妻子不理解他的迥异于常人的思想和行为，他所钟爱的一个儿子和一个女儿也先后亡故……1910年10月，82岁高龄的托尔斯泰离家出走，在又慢又冷的火车上不幸得了肺炎，在中途的阿斯达浦沃车站被人抬下了车。妻子索菲娅赶到他身边时，他已进入了昏迷状态。在弥留之际，他喃喃自语："真理……我爱许多人。"1910年11月7日，这位兼超群才艺与高尚人格于一身的文学家与世长辞。

反映托尔斯泰亲自耕种的油画

生卒年：1899～1961
国　　籍：美国
出生地：芝加哥郊区
性　　格：坚强、豪放、爱冒险
家　　庭：出身于平民家庭。父亲是医生，
　　　　　母亲曾当过教师

海明威

永不言败的硬汉作家

　　少年时期的海明威身体强健、精力充沛，在校园生活中非常活跃，既是学校游泳队和足球队的队员，又是校刊的编辑和乐队的大提琴手。

　　1917年中学毕业后，海明威到堪萨斯市的《星报》做记者。第一次世界大战末期，海明威参加了红十字会救护队，奔赴意大利战场，不仅经历了残酷的战争场面，还身负重伤，从他身上先后取出来的弹片，总计有237片之多。海明威也因为作战勇敢，获得了美国和意大利勋章。1921年，他与哈德莉·理查德结婚。同年12月，他担任加拿大《多伦多明星报》的驻巴黎特派记者。在巴黎期间，他结识了著名作家斯坦因等人，他们鼓励他努力使自己成为一名真正的作家，而他也深深受到了这些"迷惘的一代"作家们的早期思想的影响。在巴黎的这一时期，海明威通过坚持不懈的努力，逐步形成了含蓄和精炼的创作特色。

　　1922年，海明威返回多伦多，次年，他的第一部著作《三个短篇和十首诗》问世，显示出杰出的创作才能。整个20年代，海

海明威是美国作家，他一直被认为是20世纪最杰出的作家之一，我们不难发现的是，其现实生活与其虚构作品中同样充满着战争、运动、斗争、饮酒、旅游及爱情，然而这些活动并未掩盖其写作的技巧。

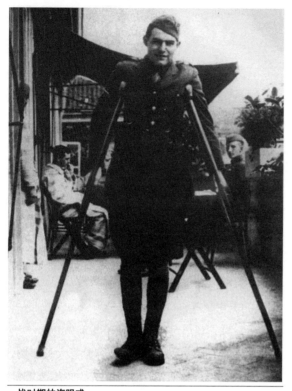

一战时期的海明威

年轻的海明威在米兰美国红十字会医院治疗在战争中留下的创伤，几十年后这位崇尚硬汉精神的美国作家因无法承受肉体和精神的双重伤痛，用猎枪结束了自己的生命。

明威发表了短篇小说《在我们的时代里》（1924）、《没有女人的男人》（1927）和长篇小说《太阳照样升起》（1926）、《春天的激流》（1926）以及《永别了，武器》（1929）。《太阳照样升起》是海明威的成名之作，描写了一群参加过第一次世界大战的青年人在战后欧洲的生活情景，他们精神苦闷、心灵空虚，以放荡不羁的生活来解脱自己精神上的痛苦。小说一经出版，就成为当时的畅销书，引起了青年人的共鸣，成为"迷惘的一代"的典范之作，很快被译成多种文字并被拍成了电影。《永别了，武器》是海明威早期的另一部代表作品，该书一出版就销售了10多万册，并被好莱坞以最高价买去了拍片权。西班牙内战爆发后，海明威曾经4次前往西班牙，不仅报道战况，而且与民主两派并肩作战。1940年，他出版了以西班牙内战为背景的《丧钟为谁而鸣》（《战地钟声》），再次给自己带来了巨大的声誉。到1941年，海明威的著作在全世界的销售量已经超过了100万册。

四五十年代的海明威是媒体关注的焦点，他的多部著作被拍成电影，而他本人也被媒体塑造成豪放粗犷的传奇式人物。海明威从他的第一部短篇小说集《在我们的时代里》起，就一直在追求一种永不屈服的硬汉子精神，这在《老人与海》一书中得到了极致的体现。该书出版于1952年，在两年的时间内为海明威赢得了普利策奖、美国学院奖和诺贝尔文学奖。

海明威一生豪放，以"硬汉子"的风格著称于世，但晚年身体状况不断恶化，却使他身心疲惫。1961年7月2日，海明威在家中用猎枪结束了自己的生命，享年62岁。

生卒年：1899 ～ 1972
国　籍：日本
出生地：大阪市
性　格：孤僻、任性、忧郁
家　庭：出身于平民家庭

川端康成

东方美的现代探索者

这是日本于 2000 年发行的带有大江健三郎（左）与川端康成的邮票。

川端康成幼时的命运是孤苦而悲惨的，3 岁的时候，父母相继去世，他在祖父家里长大，祖父家没有什么经济来源，生活贫苦。孤独而贫困的生活反而激发了川端康成的潜力，他从小就非常努力地读书，到小学高年级的时候，已经读遍了学校图书馆中的书。1915 年，他以优异的成绩考进了大阪府的茨木中学，在学校里阅读了大量的日本古典名著，并开始向一些刊物投稿。1920 年，他考入东京帝国大学文学系攻读英语并兼修日本文学。1924 年大学毕业后，他开始了自己的文学创作生涯。

川端康成与一些作家共同创立了《文艺时代》杂志，掀起了被称为是"新感觉派"的文学创作浪潮，希望用文艺来取代传统宗教在人民心中的地位，创造新的审美境界。1926 年，他发表了成名作《伊豆的舞女》。这部小说以明朗、清新的笔调非常细致地刻画出了少男少女之间纯真的情谊，出版后获得了广泛的好评，1965 年，在川端康成去过的伊豆半岛还专门建立了一座"伊豆的舞女"纪念碑。1935 年，川端康成开始撰写他最著名的作品《雪国》。这是一幅关于 20 世纪 30 年代末日本艺妓的生活画卷，通过描写一个叫岛村的男人和艺妓驹子及叶子之间的感情纠葛，反映出生活在社会底层的妇女的悲惨处境和她们对理想生活的向往与追求。这部 20 世纪的世界文学名著，虽然只有 10 万字左右，却花费了 12 年的创作时间。小说的情节跨越了日本战前和战后的两个时代，具有巨大的艺术感染力，曾先后被译成英、德、法、意大利、瑞典、芬兰等多国文字。1949 年，川端康成开始发表小说《千羽鹤》，历时两年，并在 1951 年获得日本艺术院奖。1957 年，他当选为日本艺术院会员，并获得艺术院奖金和日本政府颁发的文化勋章。1962 年，川端康成的又一部力作《古都》问世。这部小说以独特的创作风格把日本的传统文化与山川美景融入主人公的生活之中，显示出作者对美的无限留恋和追求。

川端康成，日本小说家，1968 年获得诺贝尔文学奖，评语恰如其分：以敏锐的感受，高超的叙事技巧，表现了日本人的精神实质。上图即为他接受诺贝尔文学奖时的情景，前面右一即为川端康成。右上图为 1999 年日本发行的带有川端康成头像的邮票。

1968 年 10 月 18 日，川端康成凭借在《雪国》、《千羽鹤》和《古都》等著作上取得的突出成就获得了诺贝尔文学奖，成为继印度的泰戈尔之后第二位获得该奖的亚洲作家。在颁奖仪式上，川端康成发表了《美丽的日本和我》的演说，阐述了他认为与西方不同的东方文学艺术的审美体验。川端康成的创作风格除了受到日本古典文学的影响外，还颇受佛教禅宗的影响。他在《文学的自传》中曾经指出：佛教是世界上最大的文学，但佛教经典在他而言并不是宗教的训条，而是他创作的思想源泉。

诺贝尔奖给川端康成带来了巨大荣誉，也给他造成了无尽的烦恼。对于大批涌来的慕名者，他心里十分厌恶，于是经常对夫人发脾气说："家里并不是旅馆，我也不是为客人活着的。"1972 年 4 月 16 日，川端康成口含煤气管自杀，没有留下只字遗书。但他早在 1962 年就说过："自杀而无遗书，是最好不过的了。无言的死，就是无限的活。"

1924 年，川端康成与横光利一等同窗好友创办了刊物《文艺时代》，他们欲使日本的旧文学走上全新的道路，这标志着日本文学史上著名的"新感觉派"的诞生。下图为 1927 年 6 月刊物骨干人员在各地召开"文艺春秋"动员演讲会而聚首时的情景。左二为川端康成，中倚坐者为横光利一。

姓　　名：屈原，名平，字原
生卒年：约公元前340～前278
祖　　籍：湖北秭归
性　　格：爱憎分明、执着坚定、正直高洁
家　　庭：出身于贵族家庭

屈原

伟大的爱国诗人

屈原像

　　屈原生于楚国的一个贵族家庭，20多岁时受到楚怀王的信任，先后做过左徒和三闾大夫的官职，地位相当显赫，"入则与王图议国事，以出号令；出则接遇宾客，对应诸侯"，一度是楚国内政外交的关键人物。但是，由于小人谗害，屈原一生遭到楚王的两次放逐，过了20多年的流浪生活。可以说，屈原是一个伟大的诗人，又是一个怀才不遇的政治家。

　　他爱憎分明，决不随波逐流，以至于受到小人排挤，遭到楚王的两次放逐。第一次放逐是在楚怀王二十四年(前294年)，由于屈原极力反对楚怀王亲秦抗齐的外交政策，屡次犯上进言，被放逐到汉水上游。第二次放逐是在楚顷襄王时，因责备令尹子兰不该劝怀王入秦会盟以至被秦扣留而死，得罪了子兰，子兰在顷襄王面前进谗，使屈原被流放，放逐于江南。

　　即便是被放逐，屈原的爱国热忱也丝毫没有减弱，在异地漂泊多年，他从未考虑过要离开楚国。公元前278年，秦军攻占楚国都城，在绝望中，屈原投汨罗江以身殉国。

　　屈原是中国古代第一位具有爱国主义思想的浪漫主义大诗人，他开创了楚辞文体，形成了中国文学史中最早的浪漫主义文学流派，和《诗经》一起构成了中国诗歌的两大源头，在中国文学史上占有极其重要的地位，对后世文学产生了无穷的影响。屈原在第一次流放时所创作的《离骚》，是楚辞中最重要的作品，因此楚辞又被称为骚体。

屈原故里
屈原故里即乐平里，位于湖北省秭归县城东北30千米的屈坪。

屈原的作品现存25篇，最著名的除了《离骚》之外，还有《九歌》、《天问》等。屈原的作品有自己独特的艺术风格，他大胆使用浪漫主义手法，运用神话传说，展开丰富的想象，抒发自己奔放的情感和对美好理想的追求，表达了自己的政治理想，以及对腐败的统治者的不满和对人民的痛苦生活的深切同情和关怀。在反映现实矛盾，抒发内心感情时，作者继承并发扬了《诗经》的传统，巧妙地使用比兴手法，委婉而且深入地表述自己的观点。屈原在诗歌的语言和表现形式上也做了变革，不仅加长了句子，还加大了篇幅，相对《诗经》来说，更有利于增加内涵，深入地表达思想。

透过屈原的作品可以感受到屈原伟大的人格和高尚的情操，他以国家兴亡为己任，追求"举贤荐能、修明法度"的美政理想。在《离骚》中，屈原对贵族统治集团争权夺利、贪婪嫉妒、仗势欺人、蔑视法度等腐朽现象进行了无情的揭露。屈原耿直的性格和他那国家利益高于一切的爱国思想在《离骚》中得到充分的体现，当国君的做法不利于国家时，他也同样在作品中表现出自己的不满和愤怒。

在《天问》中，他一连提出172个问题，从自然问到历史，再问到社会，表现了中国文人追问本源、探寻真相的终极理想与不屈风骨。

名　人　轶　事

端午节的由来

端午节是专门纪念屈原的节日，在这一天家家户户都要吃粽子，还要举办赛龙舟的游戏。有史记载，屈原于农历五月五日投汨罗江自尽，楚国百姓为哀悼他们热爱的屈原，每到这一天，就把米装到竹筒中投入江中，让鱼虾吃，以免它们啃咬屈原。但是有一天，屈原给人们托梦说，投到水中的食物都被蛟龙抢去了，蛟龙害怕五色丝和竹叶。后来人们就用竹叶把米包成粽子，再用五色丝把粽子捆起来。这就是端午节吃粽子的由来。

有关端午节"赛龙舟"也和屈原有关，相传渔夫见屈原投江，欲乘舟救他，留下了赛龙舟的习俗。

姓　　名：司马迁，字子长
生卒年：公元前146～前86
祖　　籍：夏阳（今陕西韩城南）
性　　格：正直刚强、才华横溢、忍辱负重
家　　庭：出身于史学世家。父亲为西汉史学家、
　　　　　太史令司马谈

司马迁

通古今之变，成一家之言

司马迁20岁开始壮游大江南北，网罗天下放失旧闻。公元前111年，他开始步入仕途，任郎中之职，奉使西南夷设郡置吏。汉武帝元封三年（公元前108年），38岁的司马迁继父职，任太史令。太初元年（公元前104年），司马迁奉汉武帝之命主持改革历法。经过精密的推算晦朔弦望，他主持完成了汉历改旧历的十月岁首为正月岁首工作。又依金、木、水、火、土五行，以汉为土德，把皇帝的衣服颜色改为黄色。

任太史令期间，司马迁一方面对朝廷的史籍和收集的百年之间的遗文古事、各种典籍进行整理；另一方面访问朋友或根据实地调查对材料重新加以订正和补充。他阅读国家藏书，研究各种史料，经过4年的积累，到他42岁时，著史工作已基本具备条件。

可是，就在司马迁潜心著史时，由于他替李陵军败投降匈奴辩解，惨遭宫刑，痛不欲生。出狱后，司马迁任中书令，他为了完成父亲的遗愿，忍辱负重，发愤完成了所著史籍，人称其书为《太史公书》，后称《史记》。

司马迁广泛的游历和残酷的命运使他对社会有了深刻的了解，在此基础上，他又继承了先秦的史官传统和诸子文化，确立了不屈服于君主淫威的相对独立和批判性的写作立场。《史记》是一部伟大的著作，是中国古代第一部由个人独立完成、规模

司马迁像

最大、具有完整体系的著作。

《史记》是一部百科全书式的通史著作，开创了纪传体文学的先河。它上起黄帝，下迄汉武帝太初年间，空间包括整个汉王朝版图以及作者能够了解到的所有地域。全书130卷，50多万字，由12本纪、8书、10表、30世家、70列传构成，通过这5种不同体例相互配合、相互补充，构成了完整的史书体系。它以大量的个人传记，组合成一部宏伟的历史，用一系列栩栩

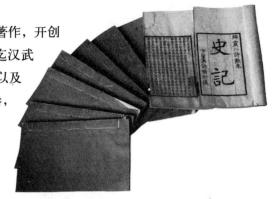

《史记》书影

如生的故事再现历史上的场景和人物活动。它把中国文学塑造人物形象的艺术提高到一个新的高度。《史记》塑造的人物形象组成了一条丰富多彩的人物画廊，给人们以丰富的人生启迪。

司马迁著述《史记》表现出了他严肃的、客观的史学态度。他认为历史是连续的、发展的、变化的，并明确提出了以史为镜的思想。尤其是对汉王朝的历史，对武帝时代的政治，司马迁始终保持冷峻的眼光。他对时政的揭露与批判，是真实的史实记录。

《史记》被列为中国第一部"正史"，它不仅是中国古代政治、经济、文化等各方面历史的总结，也是通贯古今的人类史、世界史，它不是单纯的史实记录，在史学上、文学上以及哲学上，也都有极高的成就和影响。鲁迅先生曾高度评价它是"史家之绝唱，无韵之离骚。"

名 人 轶 事

司马迁遭受宫刑

天汉三年（公元前98年），汉武帝兴兵讨伐匈奴，命令李陵率弓箭手和步兵5000人在居延北部钳制匈奴的军队。李陵率军出征，不意在陵稽山与匈奴8万军队遭遇，一场血战，他的5000将士死伤大半。李陵在走投无路的情况下，投降了匈奴。

汉武帝听到李陵投降的消息，大为震怒，朝臣也纷纷附和斥骂李陵，无人为李陵辩解。司马迁与李陵虽素无交往，但他认为李陵为人宽厚仁慈、恭谦礼让，有国士风范。他为李陵辩解说："他投降未必是真心，一定会找机会报答陛下的。"汉武帝大怒，把他投进了监狱。

不久，汉武帝后悔没有给李陵救援，派公孙敖去救李陵。公孙敖不查实俘虏的口供，把为单于训练军队的塞外都尉李绪说成是李陵。汉武帝大怒，把李陵的家人统统杀光，还迁怒于司马迁，把司马迁处以宫刑。

司马迁遭受奇耻大辱，痛不欲生。但他想到草创未就的《史记》，想到父亲苍凉的遗言，忍辱发愤，活了下来，并完成了这部不朽的史学著作。

姓　名：李白，字太白，号青莲居士，又称"谪仙人"
生卒年：701～762
祖　籍：祖籍陇西成纪，出生于中亚细亚的碎叶城
性　格：自信、热烈、豪放、酷爱自由
家　庭：出身于富商家庭

李 白

横空出世的诗仙

李白像

李白是中国文学史上继屈原之后最伟大的浪漫主义诗人。一提起李白，人们就会自然地联想到他那些把盛唐诗歌的气、情、神发挥得淋漓尽致的诗作，以及他豪放洒脱的气度、自由创造的浪漫情怀。"人生得意须尽欢，莫使金樽空对月。""君不见长江之水天上来，奔流到海不复回。"他的诗充满了发兴无端的澎湃激情以及气势浩荡、变幻莫测的壮观奇景，同时，又不失风神情韵而自然天成的明丽意境，堪称中国诗歌史上的一座高峰。

李白自负、自信、狂傲的独立人格，"常欲一鸣惊人，一飞冲天"，"不求小官，以当世之务自负"的抱负，以及对壮丽人生的不懈追求，造就了他的伟大、传奇的人生。

李白幼年时随父迁居绵州昌隆，自幼勤奋好学，而且广为涉猎，"五岁诵六甲，十岁观百家"，书法、骑射、剑术、弄刀、胡舞、胡乐、琴、棋等，样样精通。25岁时，李白带着"申管晏之谈，谋帝王之术，奋其智能，愿为辅弼。使寰区大定，海县清一"的人生信念离川，仗剑去国，辞亲远游。26岁时，李白与在唐高宗朝当过宰相的许圉师的孙女结婚。此后十年，他仍经常外出漫游。十年漫游十年诗，所到之处，形诸吟咏，

诗名远播，震动朝野，被唐玄宗征召入京，待以厚礼，"降辇步迎，如见绮皓；以七宝床赐食，御手调羹以饭之"，命李白供奉翰林。

"仰天大笑出门去，我辈岂是蓬蒿人！"初入京时，李白也曾踌躇满志，要做一番大事回报天子的知遇之恩。但由于他高自期许、藐视权贵，遭到谗毁，以至于玄宗数次对李白的任命都被杨贵妃和高力士阻止，最后还被逐出长安。

李白离开长安后，至洛阳与杜甫相识，过了一段饮酒论文、追鹰逐兔的放逸生活。

安史之乱爆发后，李白避地东南，来往于宣城、当涂、金陵、溧阳一带，后隐居于庐山。当玄宗之子永王以复兴大业的名义请李白出山时，李白满怀热忱毅然从戎。可是，因为肃宗的猜忌，永王盛怒之下一举攻占丹阳。后以图谋割据、反叛朝廷的罪名被镇压。李白也受累入狱，被流放夜郎。溯江西上，至巫山时遇朝廷大赦放还。

李白的晚年辗转于宣城、金陵一带，漂泊困苦，穷愁潦倒，生活十分凄凉。61岁时，史朝义围宋州，东南地区告急，李白壮心不已，准备参加李光弼的平叛军队，途中因病折回。762年，李白病死于当涂。

李白是盛唐文化孕育出来的天才诗人，素有"诗仙"之称。在他身上集中了儒家、道家和游侠三种思想，充分展现了盛唐士人的时代性格和精神风貌。他的诗歌成就突出表现在乐府诗、五言古诗、七言古诗和绝句四个方面，他最擅长七言古诗的创作，往往突破诗歌形式、格

太白醉酒图　清　改琦

唐代大诗人杜甫于唐玄宗天宝五年(746年)初至长安，分咏当时八位著名酒徒的个人性情和艺术成就。其中有这样的诗句："李白斗酒诗百篇，长安市上酒家眠。天子呼来不上船，自称臣是酒中仙。"淋漓尽致地描绘了李白作为"诗仙"的狂妄和放逸不拘。此图是清代著名画家改琦为这一诗句所作的人物画。

律的限制，用长短不一的句式，呈现出诗人感情的跌宕起伏。他的诗歌总体特色是热情奔放，雄伟绮丽，他善于从民歌、神话中吸取营养和素材，形成其独特的艺术特色。他的诗"笔落惊风雨，诗成泣鬼神"，继承和发展了屈原诗歌的精神实质。

李白的诗大多是抒情诗，语言夸张、率真，既瑰丽多彩，又明白流畅，全无雕琢锤炼的痕迹。他慷慨自负，不拘常调。有对帝都长安壮伟气象的热情礼赞，有对祖国壮丽山河的热爱，有对人民疾苦的同情，也有对腐败政治、权贵的批判和鄙视。他通过对崛起草泽的英雄、视功名富贵如草芥的义士、礼贤下士的英主、傲岸忠贞的名臣等的歌颂，表现自己建功立业、积极创造自我价值的人生愿望，抒发自己万丈的气概和热烈的感情。

在中国古代诗人中，李白的个性之活跃和解放是少有的。"安能摧眉折腰事权贵，使我不得开心颜！"他把唐诗中反权贵的主题发挥得酣畅淋漓，表现出了清醒的抗争意识和热情。他在《答王十二寒夜独酌有怀》、《远别离》等诗中，对李林甫、杨国忠等人的擅权和诛杀异己径直表示抗议，对险恶的政局发出悲怆的呐喊。

他善于把自己的个性融入自然景物中去，使得笔下的山水丘壑无不具有理想化的色彩。他的山水诗要么气势磅礴，在高山大川中，在壮美的意境中抒发豪情壮思；要么表达了对大自然强烈的感受，"黄河之水天上来，奔流到海不复回"，用胸中豪气赋予山水以崇高的美感；要么意境优美，"人游月边去，舟在空中行"，"月随碧山转，水合青山流。杳如星河上，但觉云林幽"，在秀丽的诗句中表现了自己纤尘不染的天真情怀。

李白一生创作了900多首不朽的诗篇，其中最为杰出的有《蜀道难》、《静夜思》、《望天门山》、《梦游天姥吟留别》、《黄鹤楼送孟浩然之广陵》、《将进酒》、《望庐山瀑布》等，达到盛唐诗歌艺术的巅峰。除了诗歌，李白也以散文名世，现存的文章有书、表、记、赞等60多篇，如《与韩荆州书》、《春夜宴诸从弟桃李园序》等，都是历代文人学习的楷范。

名 人 轶 事

铁杵磨成针

相传李白在峨眉山隐居时，两三年后，想念家人及山中的一切，虽未学成，他仍决定下山，离开峨眉山。在他经过一条小溪时，突然看见溪旁有个老婆婆拿着铁杵在石头上来回磨着。他好奇地问："老婆婆，您在做什么？"得到的答案是："我要把这根铁杵磨成绣花针。"李白十分惊讶地说："怎么可能？"老婆婆答道："只要功夫深，铁杵磨成绣花针。"李白深受感动，决心折回山中，发愤读书。

姓　名：吴承恩，字汝忠
生卒年：1506 ～ 1582
祖　籍：怀安山阳（江苏淮安）
性　格：执着、忍辱负重
家　庭：出身于小商人家庭

吴承恩

命运坎坷的小说家

　　吴承恩生于小商人家庭。他的父亲吴锐乐观豁达，奉行知足常乐的哲学。但他不希望儿子同自己一样碌碌无为，因此为儿子取名承恩，字汝忠。这个名字意味着父亲希望他将来能够做大官，上承皇恩，下泽黎民，做一个流芳百世的忠臣。

　　吴承恩小时候确实没有辜负父亲的希望。他二三岁时就能够读诗，6 岁时入私塾读书。有了老师的专门教导，吴承恩学业进步得很快。少年时，他就因才学而名冠乡里。人们都对他刮目相看，相信他日后肯定能做大官。但随着年龄的增长，吴承恩的兴趣发生了转移。他愈来愈觉得四书五经过于枯燥乏味，稗官野史却蛮有情趣。

　　他特别喜欢捕捉新鲜事物，更喜欢读神仙鬼怪、狐妖猴精之类的书籍，而且在读书时还作许多笔记和摘录。吴承恩最钟爱的小说野史是《百怪录》和《酉阳杂俎》。书中五光十色的神话世界，使他潜移默化地养成了搜奇猎怪的嗜好，这为他日后创作《西游记》奠定了基础。

　　少年时的吴承恩听淮河水神及僧伽大圣等神话故事非常着迷，有时连续几天他都沉湎于离奇的故事情节中。随着时光的流逝，吴承恩步入了青年时代，但他对神话故事的兴趣有增无减，并且养成了狂放不羁、轻世傲物的个性。对此，他的父亲十

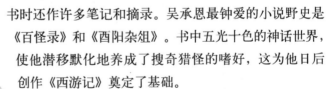

吴承恩雕像

分恼火，他多次劝说儿子重新步入"正道"，吴承恩却毫不动心。

吴承恩20岁时，与同乡的一位叶姓姑娘结婚，二人婚后的感情非常好。也许是由于妻子的劝诫和勉励的缘故，他重新拾起了四书五经。几年之后，吴承恩在府学岁考和科考中获得了优异的成绩，并取得了科举生员的资格。这着实让吴家人高兴了一阵子。吴承恩自己也觉很光彩，一度还踌躇满志起来。时隔不久，他与朋友结伴去南京参加乡试。遗憾的是，平时写诗作文的才华远不如他的同伴都考取了进士，他这位誉满乡里的大才子竟名落孙山。

他这次落第，对父亲的精神影响很大。翌年春天，他的父亲吴锐怀着巨大的遗憾去世了。接受初次失败的教训，吴承恩在家人的鼓励下，在此后3年的时间里专心致志地在八股文上下了一番苦功。然而，在1534年秋的考试中他仍然没有考中。

父亲的去世，两次科举考试的失利，

《西游记》图册　清
明代吴承恩的《西游记》问世后，各种表现唐僧师徒取经故事的艺术题材相继涌现，如诗歌、绘画、书法、雕塑、建筑等，不仅有巨大的美学价值，而且在民俗学、社会学上也有不小成就。《西游记》图册由清代康熙时期的四大书法家之一的陈奕禧书写上简单的文字说明，图画生动传神，富有想象力，图文并茂，使故事情节经过图片与文字得到更好的体现和延伸。

对吴承恩的打击太沉重了。在他看来，不能考取举人，不仅无法改善生活状况，而且愧对父母，有负先人。可是，他又不认为没能考取功名是因为自己没本事，而是命运不济。他认为"功名富贵都由天命决定，不是人力所能左右的"。正当吴承恩失意无奈之际，生活上的困顿又给他带来了巨大压力，这种压力并不小于科考的失利。因为父亲过世了，他需要应付全家人的开支，但他却没有顶门立户的能力，也缺乏养家活口的手段。因此，全家人的生活只能依靠每月从学府里领回的6斗米。

科场上的失意、生活上的困顿，使吴承恩对封建科举制度和黑暗社会现实有了更为深刻的认识。品尝了人生酸甜苦辣的吴承恩，开始更加清醒、深沉地思考社会人生的问题，并且向不合理的社会抗争。在与残酷的现实生活作斗争的过程中，吴承恩怀着满腔热情，蘸着自己的血泪，写下了不朽的《西游记》。

姓　名：曹雪芹，名霑，字梦阮，号雪芹、芹圃、芹溪
生卒年：？～1763
祖　籍：丰润（今属河北）
性　格：多情、好学、智慧
家　庭：出身于没落望族

曹雪芹

中国古典文学巨匠

曹雪芹是满洲正白旗"包衣"。自曾祖起，三代任江宁织造，其祖曹寅在康熙朝曾得到格外的恩宠。雍正初年，在统治阶级内部政治斗争牵连下，曹家受到重大打击，其父免职，产业被抄，曹雪芹也随着迁居北京，革职抄家给曹雪芹的童年留下了很深的印象。在他十六七岁时，曹家彻底败落，包括曹雪芹在内的曹家子弟沦落到社会底层。

曹雪芹最后的十几年流落到北京西郊的一个小山村，生活更加困顿，一家三口过着"食粥赊酒"的日子。也是在这个时候，曹雪芹开始了长达10年时间的《石头记》（即《红楼梦》）的创作。乾隆二十六年（1761年）秋，曹雪芹因爱子夭折而过度悲伤，卧床不起。"孤儿渺漠魂应逐，新妇飘零目岂瞑"。除夕那天，曹雪芹留下一部未完成的《红楼梦》书稿，离开了人世。

曹雪芹个性豪爽狂放，才气横溢，"工诗善画"。饱经沧桑之后的曹雪芹把他的情感、体验以及他的才华全部熔铸到了《红楼梦》里。"满纸荒唐言，一把辛酸

曹雪芹像

大观园全景图

泪！都云作者痴，谁解其中味？""字字看来皆是血，十年辛苦不寻常"，曹雪芹把他全部的心血都投入到这部著作当中。

在《红楼梦》中，曹雪芹对人物形象的塑造充分体现了他的才华和一丝不苟的创作精神。他把上百个来自社会不同阶层、具有不同文化背景的人物塑造得惟妙惟肖、栩栩如生，而无不独具个性、各有风采。

旷世奇作《红楼梦》是曹雪芹对世界文学宝库的杰出贡献，这部以个人和家族的历史为背景的长篇小说，以其艺术上的精致完美达到了中国古典小说的巅峰。而通过对它的研究形成的"红学"则是学术界对他的贡献的广泛认可。以一本小说形成一门独立的学问，不仅在中国文学史上是独一无二的，在世界文学史上也是罕见的。

名 人 轶 事

曹家败落

曹家在顺治、康熙两朝得到格外的恩宠。康熙二年（1663年），曹玺授内务府的"肥缺"江宁织造，控制着江南的丝织业，从中获取了极大的利益，不但成为江南的望族，同时还是康熙派驻江南，督察军政民情的私人心腹。其祖父曹寅为了迎接康熙南巡造成的亏空，成了曹家日后的莫大祸患。

雍正一登基，首先就是查亏空，曹家因多次违背"圣意"、藏匿财产，被革职抄家。雍正顾及曹寅在江南的影响，才恩典"少留房屋，以资养赡"。经过这一场大变故，曹家败落了。

雍正驾崩后，他的第四子弘历即位。普天同庆新皇帝乾隆即位时，曹寅的多项亏欠也被列入宽免之内，曹家的经济状况才稍有好转。可是，好景不长，乾隆初年，也就在曹雪芹大约十六七岁时，曹家再一次遭受变故，彻底败落，包括曹雪芹在内的曹家子弟们结束了"锦衣纨绔之时，饫甘餍肥之日"的公子生活，沦落到社会底层。

姓　　名：鲁迅，原名周树人，字豫才
生卒年：1881～1936
祖　　籍：浙江绍兴
性　　格：有骨气、尖刻、睿智、敏感
家　　庭：出身于没落的旧官僚家庭

鲁 迅

中国新文学的旗手

　　鲁迅出生于没落的旧官僚的家庭，聪明好学，兴趣广泛。少年时，除了在绍兴三味书屋读过《四书》、《五经》外，他对具有优秀传统的民间艺术，像戏剧、传说故事等都颇为喜爱。1898 年春，17 岁的鲁迅考入南京江南水师学堂学习，几个月后，转到江南陆师学堂的路矿学堂学习。1902 年 4 月，鲁迅以优异成绩毕业于路矿学堂，获得了官费留学日本的机会。

　　到日本后，鲁迅首先选择学医，但发生在仙台医学专科学校的"幻灯片事件"，使鲁迅感到"中国人的病不在身体上，而在精神上"。他果断做出弃医从文的决定，离开仙台，来到东京。鲁迅的选择影响了他的一生，也影响了中国现代文学史的格局和进程。

鲁迅像

　　1909 年 8 月，鲁迅从日本回国，先后应邀在杭州的浙江两级师范学堂和绍兴府中学堂执教，还曾应蔡元培之请在教育部任职。1918 年，鲁迅在《新青年》发表了中国现代第一篇白话小说《狂人日记》。小说通过对"狂人"的心理描绘，形象地揭露和控诉了中国几千年"吃人"的历史，堪称五四运动中反封建的最强音。

　　从此，鲁迅一发而不可收，以揭露封建社会黑暗、封建礼教吃人为主题的作品接二连三地问世，《孔乙己》、《药》、《一件小事》、《故乡》、《阿 Q 正传》等相

名　人　轶　事

继发表。在《孔乙己》中，鲁迅成功地塑造了一个受科举考试制度毒害而沦落的读书人的形象；《阿Q正传》通过阿Q这样一个生动不朽的典型形象，深刻地揭示了辛亥革命必然失败的原因，反映了处于长期封建统治下的农村社会的劣根性和下层农民的愚昧现状。

1923 年 9 月，鲁迅出版了小说集《呐喊》，将《狂人日记》、《药》和《阿Q正传》等 14 篇短篇小说收入其中。三年后，鲁迅又出版了《彷徨》，收有《祝福》等 11 个短篇小说。

除了小说外，鲁迅也写了大量散文、散文诗以及杂文。如《朝花夕拾》、《野草》等。作为一个学者，他还研究中国古代文化，撰写了极具见地和极高史料价值的《中国小说史略》。

1927 年 10 月，鲁迅先后主编了《语丝》、《奔流》和《朝花》等文艺刊物。在阅读并翻译马克思主义文艺理论书籍的过程中，鲁迅的思想发生了很大的变化，他明确地肯定了文化起源于劳动，人民群众是文化的创造者。1930 年初，鲁迅参加了中国共产党领导的秘密政治团体"中国自由运动大同盟"，发表著名的讲话《对于左翼作家联盟的意见》，成为"中国左翼作家联盟"事实上的盟主。1931 年 2 月，柔石等"左联"五烈士被害，鲁迅怀着悲愤的心情写下了《黑暗中国的文艺界现状》、《中国无产阶级革命文学和前驱的血》，针锋相对而又巧妙地同国民党当局对革命文化的疯狂"围剿"进行不屈的斗争。

在鲁迅的作品中，随处可见他的战斗精神以及他对中国黑暗社会的种种丑恶现象无情的批判，他的作品的思想性和艺术性均达到了炉火纯青的境界。

1936 年 10 月 19 日，鲁迅逝世。上万人自发地为鲁迅先生举行了庄严隆重的葬礼，在棺盖上，民众代表为他覆上了"民族魂"的大旗。"鲁迅是一位为了中华民族新生而奋斗终生的文化巨人"，这是人民大众给他的最恰当的评价。

艺术名人

YISHUMINGREN

生卒年：1452 ～ 1519
国　　籍：意大利
出生地：芬奇镇安基亚诺村
性　　格：认真、求知欲强
家　　庭：出身于平民。父亲是一位公证人

扫码获取更多资源

达·芬奇

文艺复兴的艺术巨匠

达·芬奇，文艺复兴时期大师中的大师，虽然他所完成的作品不足十件，但这也足以证明他的天才。他的思想远远领先于当时技术所能达到的范围，为了创造令人满意的形象，他又向实验性技法挑战，结局却是天才独有的悲剧。

　　莱昂纳多·达·芬奇是意大利文艺复兴时期的第一位画家，也是整个欧洲文艺复兴时期最杰出的代表人物之一，他思想深邃、学识渊博、多才多艺，兼艺术大师、科学巨匠、文艺理论家、哲学家、诗人、音乐家、工程师和发明家于一身，被后世的学者称为"文艺复兴时代最完美的代表"、"第一流的学者"和"旷世奇才"。

　　达·芬奇是非婚生子，他出生不久，母亲被父亲遗弃，母亲把他带到 5 岁后，交给祖父抚养，在祖父的田庄里，他度过了幸福的童年。孩提时代的达·芬奇聪明伶俐，勤奋好学，兴趣广泛，尤其喜爱绘画，常为邻里们作画，有"绘画神童"的美称。14 岁时，他被送往佛罗伦萨，师从著名的艺术家委罗基奥，开始系统地学习造型艺术。达·芬奇在这里结识了一大批知名的人文主义者、艺术家和科学家，开始接受人文主义的熏陶。到 20 岁时，他已有很高的艺术造诣，成为社会上公认的画家。他的壁画《最后的晚餐》、祭坛画《岩间圣母》和肖像画《蒙娜丽莎》是世界艺术宝库留下的珍品中的珍品，是欧洲艺术的拱顶之石。

　　作为哲学家，达·芬奇认为知识起源于实践，必须从实践出发，通过实践去探索科学的奥秘。他的这一方法，后来

《蒙娜丽莎》 达·芬奇

得到了伽利略的发展，并由英国哲学家培根从理论上加以总结，成为近代自然科学的最基本方法。在天文学上，达·芬奇对传统的"地球中心说"持否定的观点，他甚至想到过利用太阳能。在物理学方面，他重新发现了液体压力的概念，提出了连通器原理，发现了惯性原理，发展了杠杆原理，还预示了原子原理，并形象生动地描述了原子能的威力。他在解剖学和生理学上也取得了巨大的成就，被认为是近代生理解剖学的始祖。他的研究和发明还涉及军事和机械方面，并在数学领域和水利工程等方面做出了重大的贡献。可以说，达·芬奇的研究涉及自然科学的每一部门，他是世界上少有的全面发展而且成就突出的学者。

　　达·芬奇的晚年是在漂泊中度过的。1517年，65岁的他离开意大利移居法国，1519年5月2日，这位文艺复兴的巨匠，人类智慧的象征，在法国与世长辞。

《最后的晚餐》 达·芬奇

生卒年：1475 ～ 1564
国　籍：意大利
出生地：佛罗伦萨的卡普勒斯镇
性　格：执着勤奋、崇尚自由
家　庭：出身于小贵族家庭。父亲是卡普勒斯镇
　　　　的行政长官

米开朗琪罗

文艺复兴时期伟大的艺术家

米开朗琪罗出生后，因母亲体弱多病，被送往奶妈家抚养，奶妈的丈夫是石匠，米开朗琪罗从小受到了雕刻的熏陶。14 岁时，他被送入佛罗伦萨银行家"无冕之王"罗梭索·美第奇的"雕刻园"，在那里受到了严格的技艺训练和先进的人文主义思想的熏陶，为以后的艺术创作奠定了坚实的基础。同时，他也开始了自己的创作生涯。

他早期的雕刻作品《哀悼基督》就已表现出很高的艺术造诣。在这幅作品中，死去的基督安卧在母亲的膝上，圣母俯视着儿子，充满了忧思与爱怜。整个作品给人以既悲哀又优美的感觉，展出后便立即在罗马全城引起了轰动，人们怎么也不相信，这是一位不足 25 岁的年轻人雕刻的作品，米开朗琪罗为消除疑惑，就在塑像圣母的肩头上刻上了"作者：米开朗琪罗·邦内罗提"的字样，这

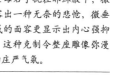

哀悼基督

这是米开朗琪罗最著名的作品之一，表现的是圣母怀抱耶稣遗体的情景。耶稣仰面躺在圣母膝上，瘦弱的四肢无力地垂落下来，圣母右手托在耶稣腋下，撒开的左手透露出一种无奈的悲怆，微垂的头部和惑戚的面容更显示出内心强抑的巨大苦痛，这种克制令整座雕像弥漫着一种崇高的庄严气氛。

这是巴黎国立美术学校半圆形讲堂壁画《大艺术家的集会》(1836～1841年)，多拉洛许绘制。图中米开朗琪罗戴红帽坐在左边，正向周围的人们说着什么。

是他唯一有落款的作品。米开朗琪罗最有成就的雕塑有《大卫》、《摩西》、《垂死的奴隶》等。《大卫》是他的成名作，塑造的是古代以色列的大卫王，表现了一位正义战士的无畏、勇气与力量。他为这座雕像花去了大约3年的时间，使它几乎达到了完美无缺的境界，也使自己成为当时最伟大的雕塑家。米开朗琪罗的绘画也像他的雕塑一样，达到了很高的艺术境界。他为西斯廷教堂所作的壁画《创世纪》，历时4年零5个月，在画成后，轰动了整个意大利，被一致公认为是世界历史上最伟大的美术作品，甚至达·芬奇在它面前也沉思不语并感到了自己已经衰老。

米开朗琪罗不仅是位成绩斐然的艺术家，还是一位奋战终生的爱国志士，他曾和佛罗伦萨人民一起投入到抵御外国侵略者和教皇军队的战斗中，并担任了城防工程建筑的总指挥，他坚守岗位，直到城市沦陷而成为敌人的阶下囚。

1564年2月，米开朗琪罗在自己的工作室里与世长辞了，享年89岁。在生命的最后20年里，他以极大的热情投入到建筑事业中，设计并主持了圣彼得大教堂的建筑工程，他设计的举世闻名的大教堂的圆穹顶，成为世界建筑史上的一座丰碑。米开朗琪罗终生独身，为艺术奋斗，他的作品奔放豪迈，气魄雄伟，以杰出的艺术成就与达·芬奇、拉斐尔并称为"文艺复兴三杰"。

生卒年：1756 ～ 1791
国　　籍：奥地利
出生地：萨尔斯堡
性　　格：自由、浪漫、单纯、追求完美
家　　庭：出身于宫廷乐师家庭

莫扎特

维也纳音乐之神

莫扎特的父亲原籍德国，他先是在萨尔斯堡的大主教乐队担任小提琴手，后来晋升为宫廷作曲家和副乐长。老莫扎特和妻子共生有 7 个孩子，其中 5 个出生不到一年就夭折了，剩下的一男一女，都是天才型的孩子：姐姐玛丽安娜和比她小五岁的弟弟莫扎特。这两个孩子从小跟着父亲学习音乐，处处表现出过人的天资。莫扎特三岁时就能在钢琴上弹奏他所听到过的乐曲片段，五岁学作曲，六岁时就能即席演奏。

列奥波尔德对儿子的成长费尽了心血。除了对莫扎特进行复杂的音乐理论与演奏技能的训练外，还让他学习多种外国语以及文学和历史等。从 1762 年起，在父亲的带领下，6 岁的莫扎特和 11 岁的姐姐玛丽安娜开始了长达 10 年的漫游欧洲大陆的音乐之旅。他们到过慕尼黑、维也纳、巴黎、伦敦、罗马等许多地方。莫扎特的音乐才能令人震惊，他们所到之处无不引起巨大的轰动。

1772 年，16 岁的莫扎特结束漫游生活，回到了家乡萨尔斯堡，在大主教的宫廷乐队里担任首席乐师。

莫扎特是西方音乐史中公认的最伟大的音乐家之一，与海顿和贝多芬共同将维也纳古典主义乐派的成就推向顶峰。他以不朽的歌剧和恢宏的乐章令世人倾倒，35 年的短暂生涯共创作出 600 多部音乐作品。他的一生，经历了辉煌、失意和沉沦，也给世人留下了不解之谜。

尽管莫扎特是个音乐奇才，但在大主教眼中，莫扎特只不过是一个普通的奴仆。由于难以忍受种种奴仆的待遇和无理的限制，莫扎特在 1777 年辞去了乐长职务，再次开始外出旅行，希望获得改变命运的机会。但是，现实社会冷落了他，不得已，莫扎特再次回到家乡，待在大主教的宫廷里，大主教更加刻薄地对待他。这段时间莫扎特的生活充满艰辛，唯一的收获是他写了许多交响乐、协奏曲和歌剧。1781 年，莫扎特终于在忍无可忍之中辞职离去。1782 年，莫扎特与康斯坦斯在维也纳结婚，他们一共生了六个孩子，四个夭折，剩下的两个孩子也没有继承父亲的音乐天分。莫扎特虽然越来越出名，却越来越穷，有时甚至连吃饭都成问题，经常要向人借钱。有一年冬天的一个傍晚，朋友们到他家做客，从窗外看到夫妻俩在屋里愉快地翩翩起舞，纷纷赞叹不已。待到进屋后才明白，他们因无钱买煤，不得不以跳舞来取暖。

　　1791 年 12 月 6 日凌晨 1 点，莫扎特带着泪水离开人世，年仅 36 岁。他在短短的一生中，创造出数量惊人的音乐瑰宝：歌剧 22 部，交响曲 41 部，钢琴协奏曲 27 部，小提琴协奏曲 6 部。

歌剧《费加罗的婚礼》场景
这是莫扎特最伟大的歌剧作品，于 1786 年完成，在此剧中，莫扎特将固定的角色转化为活生生的人。

生卒年：1770 ～ 1827
国　　籍：德国
出生地：莱茵河畔的波恩城
性　　格：暴躁、坚毅、粗犷
家　　庭：出身于平民家庭。父亲曾任宫廷乐长

贝多芬

最伟大的作曲家

　　贝多芬的童年并不幸福，他常常从警察手里接过烂醉如泥的父亲，他从未享受过家庭的温情。当父亲发现贝多芬有音乐天赋时，就企图把他变成摇钱树，强迫幼小的贝多芬练习繁重的琴艺，而且常常在三更半夜醉酒回家后把贝多芬从床上拖起来练琴。8 岁时，贝多芬被父亲拉着沿莱茵河卖艺，11 岁时，就开始在剧院的乐队里工作。他的母亲在 1787 年逝世后，父亲几乎每晚都烂醉归来，身为长子的贝多芬，只好挑起了养家的重担，抚养两个弟弟。不久后，他受聘为宫廷的古钢琴与风琴乐师，兼作钢琴家庭教师。

　　1792 年，贝多芬前往维也纳，先后受教于音乐家海顿、作曲家申克、音乐理论大师布列希贝克以及作曲家萨里耶等名师。1795 年，他在维也纳举行了第一次音乐会，弹奏了自己创作的"第二号钢琴协奏曲"，迅速折服了维也纳的贵族和市民。此后的五年间，他又创作了第一号到第十一号钢琴奏鸣曲，以及第一号到第三号钢琴协奏曲，在1799 年又完成了"第一号交响曲"。这些震惊乐坛的名作，弥漫着生命的欢愉与热情，而且表

贝多芬是西方音乐史上最伟大的作曲家。他早期在古典音乐中取得了成功。而后由于受到法国革命思潮的激励和日益侵入的耳聋与感情挫折的痛苦折磨，他把传统的奏鸣曲、四重奏、协奏曲和交响乐扩展演变成气势磅礴、意蕴深刻的个人表达。

贝多芬剧作《菲岱里奥》中
弗罗列斯坦被处死前的情景。

现出空前的自由意境。贝多芬的面前展现出了光明的前程，而他也对自己的未来充满了乐观与欢悦的情绪。但是，不幸却在此时降临到年轻的贝多芬身上——他患了严重的耳病，开始是经常性的耳鸣，到后来发展为高音受不了，低音又听不到。为了不让别人发觉自己耳聋，贝多芬逐渐离群索居，性格也变得越来越孤僻。1801 年，他与一个 17 岁的少女朱丽叶塔·古奇阿帝相恋，著名的十四号钢琴奏鸣曲"月光"就是他们相恋的作品。但古奇阿帝在两年后离开了他，嫁给了一位伯爵。

1802 年，贝多芬迁到离维也纳不远的一个宁静的村庄作曲，在那里完成了第二号交响曲。但耳病的恶化使他痛苦万分，他甚至写下了遗书，陈述自己的悲惨遭遇与不幸。后来，贝多芬重建信心，并在 1803 年写出了雷霆万钧的第三号"英雄"交响曲。此后的几年里，他又完成了第九号小提琴奏鸣曲"克罗采"、第二十一号钢琴奏鸣曲"华德斯坦"、第二十三号钢琴奏鸣曲"热情"、歌剧"费黛里欧"、"第四号钢琴协奏曲"、"D大调小提琴协奏曲"、 第五号交响曲"命运"、第六号交响曲"田园"、第五钢琴协奏曲"皇帝"等不朽名作。1806 年，贝多芬再次恋爱，对方是丹兰斯，古奇阿帝的表妹，两人在那一年订了婚，但这场爱情也只维持了四年，丹兰斯也离开了贝多芬。再次遭受失恋打击的贝多芬变得更加落魄，行为举止也更加放肆。1809 年，拿破仑攻占维也纳，贝多芬的保护人和朋友纷纷逃难，他陷入孤独与经济拮据的双重困境之中。但他还是完成了"庄严弥撒曲"和"第九交响曲"。尤其是后者的演出成功，为他带来了一生最大的荣耀与欢欣。

1827 年 3 月 26 日，在维也纳的春雷骤雨中，贝多芬辞别了人世，享年 57 岁。

生卒年：1840～1917
国　　籍：法国
出生地：法国巴黎
性　　格：执着、反叛、追求完美
家　　庭：出身于平民家庭

罗丹

善于发现美

罗丹像

1840年11月12日，罗丹出生于法国巴黎拉丁区的一个普通家庭。

罗丹从小喜欢画画，他总是在母亲买的东西的包装纸上画许多图案。父亲、母亲、姐姐、哥哥、房子、桌椅、小动物等，只要他看到的都喜欢画下来。罗丹5岁的时候，父亲就送他上学了。父亲对这个聪明过人的小儿子寄予厚望，希望他能好好读书将来出人头地。但罗丹对学校里老师们讲的枯燥的课程一点儿也不感兴趣。他只喜欢画画，因此成绩很不好。一次，吃饭的时候，罗丹发现父亲的脚边有一张纸，于是来了兴致，便趴在饭桌下画起了父亲的皮鞋。哥哥见罗丹趴在地上不吃饭，就喊他："罗丹，你趴在地上干什么呢？"父亲一低头看见罗丹又在画画，生气地说："你成绩那么不好，原来整天就是在画画啊！"于是将罗丹拉起来狠狠地揍了一顿，并且还让罗丹保证以后好好读书不再画画了。那次之后，罗丹再也不敢在家里画画了，于是他就在课堂上画。有一次，他在上课的时间画起了地图，因为太投入了，老师走过来他也不知道，被老师发现后用戒尺教训了一顿。

从那以后，罗丹更不爱上课了。他经常跑到大街用画笔在墙上画画。逃学的事被父亲知道了，父亲用皮带抽了他一顿，并让他去向老师承认错误，但罗丹就是不肯认错。

父亲没有办法，为了让他好好学习，后来将他送到了叔叔在乡下开办的学校去读书。叔叔是一个和蔼的人，读过许多书，他从不强迫罗丹做不喜欢的事。这样罗丹虽然在乡下待了4年，成绩却没有多大的起色。不过罗丹的绘画水平却有了很大提高，他的画经常让老师惊叹。

父亲对这个只知道画画的儿子彻底失望了，他决定让罗丹退学开始工作。"可是，父亲，我想学画画。""学画画能当饭吃吗？我可没钱供你学那玩意儿。"父亲已经对罗丹失去了耐心。

"听说巴黎有一所美术学校是免费的。"姐姐在一旁帮着罗丹说话。

"可是那个学校对学生的专业水平要求很高。"父亲叹气道，"你要是能考上，你就去上，我也不想管你了。"

经过努力，14岁的罗丹终于考上了这所工艺美术学校。罗丹很珍惜这来之不易的学习机会，他暗暗下决心一定要好好学习，以后做一个有建树的画家。他总是随身带着笔和绘画本，不管走到哪，只要有了灵感他便画下来。有了刻苦努力的精神，再加上超人的天赋，罗丹的才华很快崭露出来。当时巴黎著名画家——荷拉斯·勒考克老师十分喜欢这个勤奋而有灵气的学生。除了在学校学习外，罗丹还常到巴黎著名的卢浮宫去临摹名家的名画。

该选专业课了，为了减轻家里的负担，罗丹选了只需要木头和泥土这些廉价绘画工具的雕塑。为了挣出自己的生活费，罗丹一边学习一边帮人当杂工，有时还去给雕塑家当助手。这样的生活过得很紧张，但也使罗丹养成了坚韧的性格。从绘画学校毕业后，为了维持生活，罗丹当过木匠、泥水匠、首饰匠，还在雕塑工作室做过一些辅助性的工作。但在艰辛的生活中，罗丹从未放弃过艺术创作。1877年，他完成了雕塑《青铜时代》的创作，作品具有高超的艺术水平，在巴黎引起了极大的反响。后来他又创作了《思想者》、《雨果》、《加莱义民》和《巴尔扎克》等举世闻名的雕塑作品。罗丹成了继米开朗基罗之后最杰出的雕塑家之一。

《罗丹与情人》
表达了罗丹与情人欲爱不能的痛苦心理，青铜特有的灰暗色调更增添了作品的悲剧色彩。

生卒年：1853～1890
国　籍：荷兰
出生地：赞德特镇
性　格：多情、脆弱、固执
家　庭：出身于乡村牧师家庭。父亲是牧师

梵高

天才画家

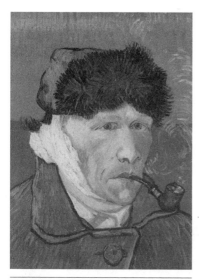

梵高是19世纪卓越的绘画艺术大师之一，而绝非狂妄的天才，他的热情中隐藏着强烈的自制，他对于美术有着深刻的涵养及广博的学识，人们可以从他遗留的几百封信中感到一代巨匠高深的艺术修养。此图是梵高的自画像《包着绷带抽烟斗的自画像》。

梵高长着一头红发，从小被人们称为漂亮的男孩子。他在家乡的乡村学校读完小学，1866年进入蒂尔堡的一所中学读书，仅读了两年就中途辍学。1869年，他开始在荷兰海牙市的一家工艺美术品商店当学徒，四年后，被调到伦敦的一个分店工作。1878年，他作为牧师去比利时的南部煤矿区博里纳日。在那里，他把自己的衣服送给矿工，脸上沾满了煤灰，希望和矿工们打成一片，而且还想努力改善矿工的待遇和工作环境。由于工作"过分的努力"，上司强迫他放弃了牧师职务。从那时起，梵高开始系统地学画画，决心成为一名画家。在世界艺术史中，梵高的创作时间是最短暂的。但是他创作的绘画作品却相当多，如今保留下来的有1700多幅，包括近900幅素描和800多幅油画。

1882年7月6日，在写给他的兄弟提奥的信中，梵高第一次试图描述自己偶尔出现的一些心理变化，令人感到震惊的是，梵高清清楚楚地分析了自己的精神病病症。尽管不清楚梵高为什么会患上精神病，但两次恋爱失败给了他巨大的打击却是无疑的。1885年，梵高离开荷兰，翌年到达巴黎，在那里结识了许多画家，并开始尝试采用印象派画家和点彩派画家的艺术风格来创作自己的绘画作品。1887年，梵

阿尔的吊桥

高和几个画家共同在巴黎的一家饭店举行了画展。梵高的作品具有独特的风格,他摆脱了传统的绘画模型色调,并用自己想象出来的独特颜色取而代之,从而使这些颜色增添了象征性的价值和启发性的力量,其中日本的艺术给他留下了很深的印象。

　　1888 年 2 月,梵高前往阿尔城,并计划在那里成立一个艺术家协会。他在那里忘我工作,但精神病的症状也开始加深。1888 年 12 月 23 日,在和朋友高更经过激烈的争吵之后,梵高用剃须刀把自己的右耳割了下来。此后,他的精神病发作得愈来愈频繁。1889 年 5 月,他自愿住进了圣雷米的精神病院,继续以火一般的热情画画。1890 年 5 月,他离开了圣雷米的精神病院,前往巴黎,在一家咖啡馆里租了一间房间,由加谢大夫照料他。1890 年 7 月 27 日,星期日,他走进了一个农民的田庄,用左轮手枪朝自己胸口开枪,随后挣扎返回旅馆,于两日后(7 月 29 日)在弟弟提奥怀中去世,终年 37 岁。

麦田上的鸦群
这是梵高最后的作品,低沉的天空、惊惶的鸦群以及具有强烈动势的麦田,真实反映出梵高自杀前极度迷惘、绝望的心境。值得注意的是,梵高的绝大部分绘画都用了鲜艳的黄色。

向日葵
1888 年　93×73cm
伦敦国家画廊藏品

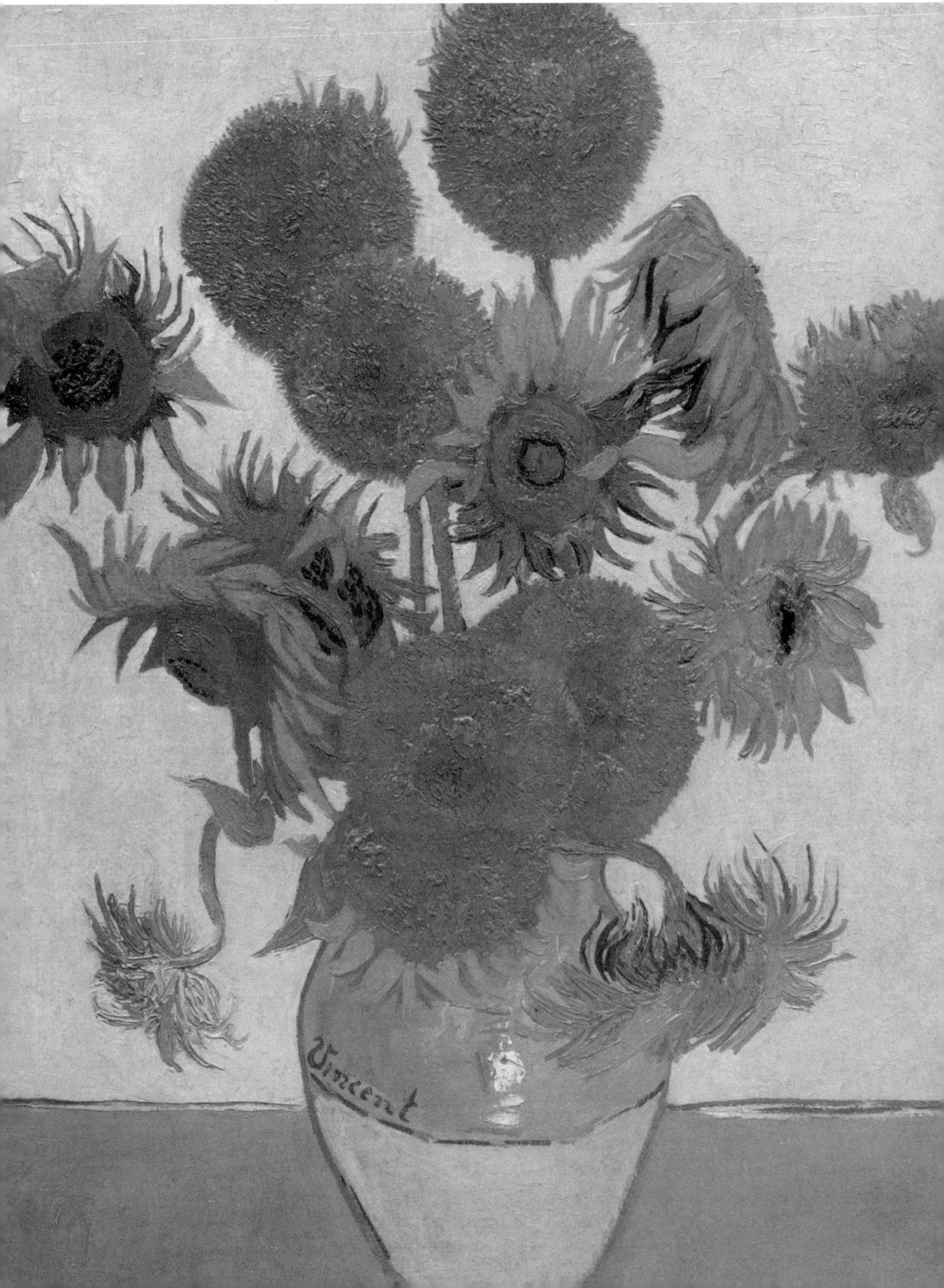

生卒年：1881 ~ 1973
国　籍：西班牙
出生地：马拉加
性　格：叛逆、多情、正直
家　庭：出身于平民家庭。父亲是一位美术老师

毕加索

现代艺术大师

由于受父亲的影响和教育，毕加索从 8 岁就开始学习绘画，而且还将自己画好的作品，悬在一家雨伞店的门口，供人欣赏。15 岁时，毕加索考进了马德里的圣菲迪南多皇家美术学院。1898 年，毕加索因为患上猩红热而退学，病愈之后，父亲送他去了巴黎。

1900 年，毕加索在巴黎举办了首次画展，引起了法国画界的注意。1904 年，毕加索定居巴黎。这一时期毕加索的画以蓝色为主，表达人的痛苦，这可能和他贫困的生活有很大关系。在和女画家奥利维埃生活在一起以后，虽然生活依旧贫困，但毕加索的作品的色调要明快了许多，进入"粉红色时期"——以玫瑰红为主调。代表作有《沙蒂姆邦克一家》、《站在球上的少女》、《拿扇子的女人》等。1908 年以后，毕加索开创了"立体主义"的绘画风格，代表作品有《阿德尼翁姑娘》。他和另外一位法国画家布拉克画了许多风景和静物，追求形式上的奇异效果，努力从自然中抽调体积和空间，用一种小平面来表现物体。在此后很长的一段时间中，毕加

亚威农少女
毕加索通过几何体将人物变形，从而反映其内心情感的艺术手法简直摄人心魄，尽管这幅画的整个构思有其局限性，但仍然对 20 世纪的绘画史起了决定性的影响。

索的画风不断发生变化，从立体主义到新古典主义，1925 年以后，又变成了超现实主义。

　　1936 年西班牙内战爆发后，毕加索积极参加反法西斯的社会活动，还把以卖画所得的 40 万法郎全部捐给西班牙共和国政府。1937 年，德国法西斯空军对西班牙小镇格尔尼卡进行了长达 3 个多小时的狂轰滥炸，将小镇夷为平地。毕加索闻讯后非常的气愤，以这一事件为题材创作了他最著名的代表作——油画《格尔尼卡》。这幅画的色调是黑、白、灰三色，结合立体主义、现实主义和超现实主义的风格表现痛苦、不幸和兽性，画中抱着孩子的母亲、哭泣的女人、着火的房屋、死人的尸体、慌乱的牛、被矛刺穿的马等等，以深刻的内涵意义表达了对法西斯暴行的强烈抗议。德军占领巴黎后，毕加索仍旧留在巴黎，闭门谢客，潜心作画。同时，他积极参加反法西斯战争，以自己的画笔控诉法西斯的暴行。1944 年巴黎解放后，毕加索举办了战时作品的大型展览，他本人作为象征抵抗精神的艺术家，获得了极高的荣誉。战后，他又特意为世界和平大会画了著名的《和平鸽》。1973 年 4 月 8 日，毕加索在法国穆然的家中去世。

毕加索身披画布，一派恺撒大帝的风度，在向观众展示自己的作品。

哭泣的女人
1937年　61×50cm
伦敦泰德画廊藏

生卒年：1889 ～ 1977
国　籍：英国
出生地：英国伦敦
性　格：睿智、深刻、正直
家　庭：出身于演员家庭。父母都当过演员

卓别林

电影喜剧大师

查理·卓别林像

　　卓别林2岁时，父母离异，他和母亲以及一个同母异父的哥哥相依为命。他小时候当过流浪儿、小听差、学徒，生活得十分艰辛。然而，卓别林很有表演天赋，能歌善舞，不到10岁时就参加了"兰开夏八童伶剧团"，随团在英国多次巡回演出。

　　1907年，卓别林被卡尔诺剧团录用，他的第一场演出就获得了观众的热烈欢迎。卓别林刻苦训练、精益求精，他的节目始终保持着古典幽默剧优良传统，并逐渐形成了独特的哑剧风格。1910年，卓别林随剧团第一次到美国演出，在《英国杂耍剧场的一个晚上》和《哑鸟》等剧中，卓别林担当戏剧演员的头牌，获得了美国观众的热烈喝彩。1912年，他又在美国作第二次演出，名气也越来越大。1913年，他和美国制片商签订了合同，开始在美国拍摄电影。1914年，他的第一部电影《谋生》问世，这一年，他一共拍了35部短片，并自编、自导了其中的21部。从此，一个头戴小圆礼帽、留着刷子一般的胡子、手拿文明棍、摆着两条肥裤腿、一拐一拐迈着鸭子步的流浪汉夏尔洛进入了观众的视界，并成为世界电影史中最著名的角色之一。夏尔洛善良正直、纯朴憨厚，但在弱肉强食的资本主义社会中却受尽侮辱和打击，他的喜剧性遭遇在带给观众丰富的感官感受的同时，也不禁引起人们对诸多社会不平等现象的思考。

19世纪20年代,卓别林先后拍摄了许多著名影片,如《寻子遇仙记》、《淘金者》、《城市之光》等,这些影片都深刻地描绘了小人物在大社会中的坎坷生活经历。在《摩登时代》中,夏尔洛成了一个在传送带旁被上足马力工作的"机器",他为了保住工作,拼命工作,但最后却精神失常,被送进了疯人院。病愈之后,他也失业了。卓别林的这部影片不仅思想深刻,在演技上也达到了炉火纯青的地步。1940年,卓别林在纽约首次公映了讽刺战争狂人希特勒的影片《大独裁者》,以自己的独特方式表达了对纳粹德国的憎恶和反感。

《大独裁者》剧照
此图表现了卓别林在《大独裁者》中饰演的独裁者兴克尔与地球仪共舞的情景。

战后,卓别林因为一部谴责战争贩子和军火商的电影《凡尔杜先生》得罪了美国政府,因而受到了迫害,《凡尔杜先生》在很多美国大城市被禁止放映。1952年9月,卓别林带着家眷去欧洲参加《舞台生涯》的首映礼,当轮船横渡大西洋时,收音机广播了美国司法部的声明,拒绝卓别林再次进入美国。卓别林后来移居瑞士。

1954年5月,在柏林召开的世界和平理事会宣布,鉴于卓别林"丰富多彩的活动对和平事业及各国人民之间的友谊做出了特殊贡献",决定颁发给他国际和平奖金。1966年,卓别林在伦敦拍摄了他的最后一部影片《香港女伯爵》。1977年12月25日,卓别林在瑞士与世长辞,享年88岁。

卓别林一生风流,且用情不专,直到后来,他才放弃了不羁的生活。此图描绘了卓别林与情人及好友在一起的情形。

姓　名：王羲之，字逸少，号澹斋
生卒年：321 ～ 379
祖　籍：琅琊临沂（今属山东）
性　格：正直率真、勤奋刻苦、崇高善良
家　庭：出身于贵族

王羲之

中国书圣

王羲之像

东晋大书法家。琅琊临沂（今山东临沂北）人，出身贵族。历任秘书郎、宁远将军、江州刺史，累官至右将军，会稽内史，人称"王右军"。

　　王羲之的伯父王敦、王导都是东晋显赫的权贵。王羲之入仕之后，做到了右军将军、会稽内史，人们都称他为"王右军"。王羲之生性正直，对当时的政治腐败极为痛恨。他怒斥当朝官员，认为他们应该自贬官职向百姓谢罪。王羲之的率真难免要得罪权贵，后来就是因为与上司不合称病辞官，隐居于会稽山阴，直到去世。

　　在父亲王旷的启蒙下，王羲之幼年时就开始学习书法，并且痴迷。少年时又跟随当时著名的女书法家卫夫人学习，卫夫人夸奖王羲之将来的成就一定会大大超过自己，成为著名的大书法家。

　　王羲之为后世留下了许多苦练书法的典故。他隐居山中专心致志地临摹钟繇和张芝等人的楷书、草书作品时，用了无数的竹叶、树枝、木片、山石，纸张绢帛更是不可胜数；他走路、休息时也在揣摩字的结构、间架、笔法，在自己身上比划练习，连衣服都戳破了；王羲之门前有一个水池，他每天练完字之后，就到水池中冲洗笔砚，天长日久，水池竟然变成了"墨池"。

　　功夫不负有心人，王羲之的书法终于自成一家。他吸取了汉魏时期书法家的精华，对楷书、草书、行书三种书体以及用笔、结字、章法、布白等方面都有大胆的创新，他的书法作品"飘若浮云，矫若惊龙"，称得上是绝世佳品。

《兰亭序》 东晋 王羲之

王羲之的行书，以《兰亭序》最为著名，被誉为"天下第一行书"，对后世的书法家产生了不可估量的影响。《兰亭序》写于公元353年春，全篇28行，328字，字字"遒媚劲健，绝代所无"，其中的20个"之"字、7个"不"字，更是情态各异，绝不雷同，可谓别开生面。

王羲之不仅行书独步天下，他的楷书也是一绝。他在学习钟繇的基础上，改革创新，青出于蓝，并变文字的楷书为书法的楷书。《乐毅论》、《黄庭经》、《孝女曹娥碑》等最为有名，至今仍在流传。

王羲之还改革了草书，并使其走向成熟。他的草书洒脱自然，如同"龙跳天门，虎卧凤阁"，代表了晋代草书的最高成就，流传后世的《十七帖》堪称草书艺术中的绝世之作。

王羲之的书法名扬天下，被世人推崇为"书圣"。千百年来，学习他的书法的人不可胜数。自隋朝至清，人们创作行书作品时多受《兰亭序》的影响，大书法家欧阳询、颜真卿、褚遂良、苏轼、黄庭坚等更是以他为宗师。王羲之所创造的那种空灵蕴藉的气韵，从古到今都是书法艺术家追求的最高境界。

名 人 轶 事

东床快婿

太尉郗鉴听说太傅王导家的子侄都是少年才俊，就派了一个门生到王导家求亲。王导听明来意后，就让门生自己去东厢房里随意挑选。王家的公子果然个个眉清目秀，英姿勃发。诸位公子也听说了郗太尉选婿之事，于是个个收拾齐整，在屋子里正襟危坐。只有王羲之一个人袒腹躺在东床上，不把选婿之事放在心上。

门生回去之后对太尉说了王家诸位公子的情况，太尉听后高兴地说道："那个坦腹东床的公子，就是我的好女婿了。"于是，郗鉴就把女儿嫁给了王羲之。

姓　名：吴道子，又名道玄
生卒年：唐开元天宝年间
祖　籍：阳翟（今河南禹县）人
性　格：淡泊名利、率真通脱
家　庭：出身于贫寒家庭

"画圣" 吴道子

　　在中国艺术史上，有三位艺术家被戴上"圣"的桂冠：一位是晋代王羲之，被誉为"书圣"；一位是唐代杜甫，被誉为"诗圣"；还有一位被誉为"画圣"，那就是唐代的吴道子。

　　吴道子，画史尊称他为吴生，又名道玄。他的生卒年代已不可考，只知道他一生主要活动在唐朝开元、天宝年间（713～755年）。吴道子出生在阳翟（今河南禹县），幼年失去双亲，生活贫困，他曾跟从张旭、贺知章学习书法，后跟随张僧繇学习。迫于生计，他曾向民间画工和雕匠学习。由于他刻苦好学，才华出众，20岁时就已经很有名气。唐玄宗把他召入宫中担任宫廷画师，为他改名道玄。他成为御用画家，没有皇帝的命令，不能擅自作画。这一方面对他这样一个平民意识很强的艺术家来说是一种约束和限制，另一方面又使他获得了最优厚的条件，不再浪迹江湖；而且利用这种条件，他可以施展自己的艺术才华。吴道子性情豪爽，不拘小节，画画时必须喝酒，因此，他经常是醉中作画。传说他描绘壁画中佛头顶上的圆光时，不用尺规，挥笔而就。在龙兴寺作画的时候，观者水泄不通。他画画速度很快，像一阵旋风，一气呵成。当时的都城长安（今西安）是全国文化中心，汇集了许多著名的文人和书画家。吴道子经常和这些人在一起，这使他的技艺不断提高。有一次，在洛阳，他同书法老师张旭和善于舞剑的裴

名　人　轶　事

吴装

　　吴道子的绘画具有独特的风格。他的山水画一改隋代以来的细密工致的风格，渐趋疏放；而他的人物画更为著名，所画人物衣裙飘举，线条道劲，人称"莼菜条描"，具有天衣飞扬、满壁风动的效果，被誉为"吴带当风"。他还于焦墨线条中略施淡彩，世称"吴装"；所画线条简练，"笔才一二，象已应焉"，有"疏体"之称。

将军相遇，吴道子观看裴持剑起舞，左旋右转，神出鬼没，变化万端，很受启发，即兴在天宫寺墙壁上画了一幅壁画，画时笔走如飞，飒飒有声，顷刻而成。随后张旭又在墙壁上作书。这一次使在场数千观众大饱眼福，有人高兴地赞叹："一日之中，获观三绝！" 还有一次，唐玄宗要看嘉陵江的景象，派吴道子去写生。吴道子回来后，让人准备了一匹素绢，用了一天时间，在大同殿上画出嘉陵江三百余里风光。唐玄宗赞叹不已，认为和李思训用几个月工夫画成的嘉陵山水一样美妙。 吴道子是一个多产的画家，他作品的数量很多。吴道子兼擅人物、佛道、神鬼、鸟兽、草木、殿阁、山水等，尤其精于佛道、人物画，长于壁画创作。据记载，他曾在长安、洛阳两地寺观中绘制壁画多达300余幅，奇踪怪状，无有雷同，其中尤以《地狱变相》闻名于时。

　　吴道子的绘画对后世影响极大，他被人们尊为"画圣"，被民间画工尊为"祖师"。苏轼曾称赞他的艺术"出新意于法度之中，寄妙理于豪放之外"。吴道子的绘画无真迹传世，传至今日的《送子天王图》可能为宋代摹本，它所表现的是释迦牟尼降生为净饭王子以后，其父净饭王抱他拜谢天神的佛经故事。从中可见吴道子的基本画风。另外还流传有《宝积宾伽罗佛像》、《道子墨宝》等摹本，莫高窟第103窟的《维摩经变图》，也被认为是他的画作。

宝积宾伽罗佛像　唐　吴道子　绢本
吴道子常曰："众皆密于盼际，我则离披其点面，众皆谨于象似，我则脱落其凡俗。"

姓　　名：赵孟頫，字子昂，号松雪道人、水精宫道人
生卒年：1254 ~ 1322
祖　　籍：浙江湖州
性　　格：诙谐痴黠、率真通脱
家　　庭：出身于贵族后裔

绘画新风的倡导者

赵孟頫

赵孟頫像

　　赵孟頫字子昂，号松雪、水精宫道人等，1254 年生于风光如画的浙江湖州，王室后人，是宋太祖赵匡胤的 11 世孙。南宋灭亡后，他被举荐在元朝做官，官至翰林学士承旨，封魏国公。赵孟頫在新朝做官，难免会引起遗老遗少的非议，他又是个汉人，在官场中常受排挤。在这种情况下，赵孟頫心灰意冷，退出仕途，归隐田园，专心书画。

　　赵孟頫博学多才，在诗文、书画、音乐等方面都有很高的造诣，特别是书法和绘画成就最高，开创元代新画风，被称为"元人冠冕"。

　　赵孟頫主要学习了董源、巨然和李成、郭熙两大体系，脱离精勾密皴的画法，参照唐人古、简的意趣，自创新格。他博采众家之长，形成了厚重工稳、秀润清丽的总体风貌。人物画多保持唐人风范，法度严谨，风格古朴。花鸟画融合郭熙、黄筌二体，兼工带写，不事工巧，清疏淡雅。绘画理论上，他提倡复古，主张"画贵有古意"，崇尚唐人，反对南宋院体中柔媚纤巧的画风。尤为可贵的是，他的画变革了南宋院体格调，开创了元代画风。他大胆尝试将书法运用于绘画，形成书法和绘画相结合的"书画"，熔诗、书、画于一炉。他枯笔淡墨、浅绛设色，格调疏淡隽逸，

水村图　元　赵孟頫　纸本

赵孟頫所绘题材涉及山水、人物、花鸟、竹石、鞍马等，风格多样。他提出作画要有"生意"，"不求形似"，力倡书法入画，开创绘画新风。此图是赵孟頫极有重名的传世之作，图绘江南水乡的平远之景。远处青山隐现，近处湖水平旷，沙渚点缀其间，湖上渔舟出没。山冈沙渚用披麻皴，略加浓墨点苔，杂树、芦苇繁简有致。用笔潇洒，笔墨秀润，意境清旷。

着重表现出文人隐逸的生活情趣。

　　赵孟頫传世的画迹有 200 余幅。《洞庭东山图》是比较有代表性的一幅，此图描绘的是洞庭东山的景色。洞庭山位于江苏吴中区南太湖中，分东西两山。东山古代叫胥母山，又称莫厘山，是伸出太湖的半岛。图中东山山势不高，圆浑平缓，山径曲折，有一个人伫立岸边眺望太湖。山后雾气迷蒙，岗峦隐约。湖面微波粼粼，轻舟荡漾。近处小丘浮起，杂木丛生。此幅笔墨从董源的规范中变化而来，柔和流畅的披麻皴和疏密相间的点苔，表现出江南草木滋润的土山形貌。细密的鱼鳞水纹，写出太湖潋滟的水光。山峦和坡石罩染淡淡的石青、石绿和赭石，以花青点染树叶，画面色调明澈清雅。这种浅绛山水是赵孟頫在唐、宋青绿山水基础上发展起来的新体貌，对元代山水画风影响很大。

　　赵孟頫也是元代初期很有影响的书法家。他的真、行是当代第一。他早年学"妙悟八法，留神古雅"的宋高宗赵构的书法，中年学"钟繇及羲献诸家"，晚年师法李邕、颜真卿、米芾诸家。此外，他还临摹过北魏的定鼎碑及唐虞世南、褚遂良等人，集前代诸家之大成，兼融包蓄，发展变化，形成结体严整、笔法圆熟、气势浑健的独特书风，人称"赵体"。尤为可贵的是，宋元时代的书法家多数只擅长行、草，而赵孟頫却能精究各种字体。赵孟頫的书法闻名于当时，天竺，也就是印度的僧人不远万里来到中国，只为求得他的书帖，归国后尊为珍宝。

姓　名：董其昌，字玄宰，号思白、香光居士
生卒年：1555 ~ 1636
祖　籍：华亭（今上海松江）
性　格：多才多艺、大气沉着
家　庭：出身于贫寒之家

董其昌

"南北宗"说

董其昌像

董其昌，字玄宰，号思白，又号香光居士，华亭（上海松江）人，明末画坛的领袖，书画造诣及欣赏水平都很高。他少年时即负盛名，以书法名垂海内外。明神宗万历十七年中进士，官至南京礼部尚书，曾担任太子太保等职。董其昌既是画家、书法家，又是美术评论家，著作有《容台集》、《容台别集》、《画禅室随笔》、《画旨》、《画眼》等，对书画理论见解相当精当。他竭力推崇和提倡文人画的"士气"，曾说："读万卷书，行万里路。"

董其昌在绘画上取法"元四家"，又上探宋元诸家之秘，将古人的结构技法加以归纳融化，使画面的疏密、开合、虚实等组织形式程式化。他在笔墨上取得了很高的成就，有清雅、温和、秀润、明净的韵味。当时追随董其昌的，有松江派的陈继儒和莫是龙、华亭派的顾正谊、云间派的赵左等人。

董其昌在画史上的主要贡献还是他的"南北宗"说。"北宗"指唐代李思训父子的着色勾勒山水，流传为宋代的荆浩、关全、赵干、赵伯驹、赵伯，以至马远、夏圭；"南宗"指自唐代王维的水墨渲染始，流传为董源、巨然、郭忠恕，以至"元四家"。结论是：崇南贬北。此论一出，遂成定案，于是文人画的南宗成为正宗。

董其昌在书法上也有杰出的成就。董其昌学书的道路十分艰难。这在他的《画禅室随笔》中有所记述："初师颜平原《多宝塔》，又改学虞永兴；以为唐书不如晋魏，遂仿《黄庭经》及钟元常《宣示表》、《力命表》、《还示帖》、《舍丙帖》。凡三年，自谓逼古……比游嘉兴，得尽睹项子京家藏真迹，又见右军《官奴帖》于金陵，方悟从前妄自标评。"他在用笔、用墨和结体布局方面融会贯通各家之长，以古为师，以古为法。书法至董其昌，可以说是集古法之大成，他"六体"和"八法"无所不精，在当时已"名闻外国，尺素短札，流布人间，争购宝之"。到了清代，康熙对他的书法又倍加推崇、偏爱，甚而亲自临摹，并常列于座右，晨夕观赏。一时上子皆学董其昌的妍美、软媚，清初的书坛被董其昌笼罩，书风日下，实在是书坛的悲哀。对董其昌的批评者也很多，包世臣、康有为最为激烈。康有为说："香光虽负盛名，然如休粮道士，神气寒俭。若遇大将军整军厉武，壁垒摩天，旌旗变色者，必裹足不敢下山矣。"

他的书法以行草书造诣最高，他的书风也或多或少地影响到他的创作。他的作品风格萧散自然、古雅平和，或与他终日性情和易、参悟禅理有关。许多作品行中带草，用笔有颜真卿率真之意，体势有米芾的侧欹，而布局得杨凝式的闲适舒朗，神采风韵似赵孟頫，轻捷自如而风华自足。董其昌对自己的楷书，特别是小楷相当自负。董其昌是一位集大成的书画家，在中国美术史上具有一定的地位，其《画禅室随笔》是研究中国艺术史的一部极其重要的著作。

秋兴八景图　明　董其昌　纸本

此图册共八幅，本书选录其中一开。董其昌将本套作品喻为杜甫的八首《秋兴》诗，因而以之题名。本图远山兀立，湖面平旷；近岸怪石突兀，古松参天；丛林之中，亭台楼阁隐然可辨。水中两舟荡于湖心，一舟正扬帆待航。用笔精工，设色淡雅。

名　人　轶　事

松江派

松江派为明代著名的山水画派。由三个画派组成：以赵左为首的苏松派、以沈士充为首的云间派和以顾亚谊为首的华亭派。他们之间互相学习，互相影响，但主要受董其昌、陈继儒影响，大多继承宋元画风。华亭派的创始人是顾正谊，但以董其昌为代表。唐志契在《绘画微言》中说"苏州画论理，松江画论笔。"华亭派的特点就是用笔洗炼，墨色清淡。

姓　　名：梅兰芳，名澜，字畹华
生卒年：1894 ～ 1961
祖　　籍：江苏泰州
性　　格：执着、坚毅、虚心、好学
家　　庭：出身于梨园世家

梅兰芳

谦虚好学的京剧大师

民国初年的梅兰芳
民国时期，梅兰芳以自己精湛的演技征服了
一个时代。

梅兰芳是著名的京剧表演艺术家。他小时候学习非常刻苦，眼睛有轻度的近视，眼珠转动也不是很灵活，有时候还迎风流泪。但是，运用眼神顾盼传情是戏曲演员表情达意的重要手段。因此，梅兰芳经常为自己演出时眼神不好而忧心忡忡。

后来，他听友人说养鸽子有利于锻炼身心，就试着养了几对。从此，每天清早，他就起床去给它们喂食，然后放飞。鸽子愈飞愈高，愈飞愈远，梅兰芳就站在鸽棚旁，眼睛随着鸽子的飞动而转动，尽力追踪愈飞愈远的鸽群，直至鸽子消失在天际。几个月下来，梅兰芳的视力大有长进，不知不觉地眼珠转起来也更灵活了，近视的毛病也没有了。梅兰芳从此以后更加喜欢养鸽子了，他的鸽子由开始的数对渐渐增加到三百余只。

除了养鸽子，梅兰芳还养花，他主要养牵牛花。牵牛花色彩鲜艳，千变万化，让人目不暇接。一天，他在欣赏牵牛花时，猛然联想到自己在演出时头上戴的翠花、身上穿的行头。因为它们要搭配颜色，这向来是个相当繁杂的课题，而牵牛花千变万化的色彩告诉梅兰芳，哪几种颜色配合起来鲜艳夺目，哪几种颜色配合起来素雅大方，哪几种颜色不能搭配。

毛泽东接见梅兰芳(右二)等文艺工作者。

从此，梅兰芳迷上了种牵牛花。他不仅在住宅庭院里栽种，精心养护，还读了许多关于牵牛花的书籍。他家院子里的牵牛花越来越多，他演出时头上戴的翠花、身上穿的行头的色彩也越来越多，搭配得也更为得体。观众们所见到的梅兰芳饰演的角色也更加绚丽多姿。

在努力提高舞台表演技巧的同时，梅兰芳还十分注意提高自己的艺术修养。因此，他特意学习绘画，还对同行们说："从事戏曲表演的人要学习绘画，这样能够提高自己的艺术修养，改变自己的气质。我们应从画中吸取养料，把它运用到表演中去。"为了学好绘画，梅兰芳拜著名画家齐白石、丰子恺、陈师曾、吴昌硕、刘海粟等人为师，并且非常尊重他们。

有一次，友人宴请宾客。在场的宾客多为达官显贵，只有齐白石一个人衣着俭朴，显得有些寒酸，因此被众人冷落。不一会儿，主人满面春风地携着梅兰芳走进客厅。满座宾客一见梅先生，都争先恐后地与他握手。梅兰芳正在与众人寒暄之际，突然瞥见齐白石孤零零地坐在角落里，立即挤出人群向他走去，恭敬地叫了一声："老师！"之后便与齐白石先生攀谈了起来。

这使在座者大受感动，人们无不钦佩梅兰芳高尚的德行。齐白石特地画了一幅《雪中送炭图》赠给梅兰芳。还有一次，梅兰芳在一个堂会上演出，发现身着布衣粗服的齐白石坐在后排，就亲自把他搀到前排。众人不理解，梅兰芳大声地解释说："这是名画家齐白石先生，我的老师！"

名 人 轶 事

1937年卢沟桥事变之后，中日战争全面爆发，梅兰芳做出了不到战争结束决不再登台演出的决定。不久，梅兰芳留起小胡子出现在大众面前。直到抗战胜利那一天，他一直没刮掉小胡子。不演戏致使梅兰芳家里的经济状况异常拮据。另外，他除了要照顾自己一家人之外，还要维持整个剧团30多人的生活。为此，他不得不把北京的住宅卖掉。在这种情况下，许多戏院的老板找他说，只要他剃掉胡子，登台演出，立即以百金相送，但梅先生不为所动。

梅兰芳剧照
此照为梅兰芳在《御碑亭》中饰孟月华的扮相。

梅兰芳为了提高自己的表演水平，想尽一切办法。最初，他对自己表现女人吃惊时的情态很不满意，尽管多次揣摩，反复试验，还是不能将其恰如其分地表现出来。

一天，他回到家中，看到妻子正在认真地整理衣服。他灵机一动，顺手抄起身旁的兰花瓷盆，狠狠地摔在地上。"咣当"一声巨响，妻子被吓得惊叫一声："哎呀！"情急之下竟将手中的衣服掷出老远，半晌没说出话来。梅兰芳在那一瞬间准确地捕捉了妻子的神情和动作。之后，他据此反复琢磨、练习，将女人受到惊吓时的那种张皇失措的神态，巧妙融进有关的戏曲表演中，将剧中人物刻画得更加活灵活现。

梅兰芳对自己的表演技艺要求精益求精，经常说："说我不好的人，才是我的老师。"有一次，他刚演完自己的拿手好戏《杀惜》，却发现后排的一位老先生连连摇头。散场以后，他找到老人，恭敬地说："说我不好的人，才是我的老师。先生必有高明的见解，请赐教。"这位老先生见梅兰芳如此诚恳，便说："剧中人阎惜姣上楼与下楼的台步按规矩都是七上八下，你为何演成八上八下？"梅兰芳恍然大悟，深感自己的疏忽，连声称谢。

后来，梅兰芳每到该地演出，必然请这位老先生前排就座，看戏指教。梅兰芳总是能够虚心接受他的意见和建议。经过长时间的虚心求教、刻苦磨炼，梅兰芳的表演技艺越来越精湛。

科技名人

KEJIMINGREN

生卒年：约公元前 287～前 212
国　籍：古希腊
出生地：西西里岛的叙拉古城
性　格：睿智、严谨
家　庭：出身于贵族（但不富裕）。
　　　　父亲是天文学家兼数学家

阿基米德

不朽的科学巨人

　　公元前 287 年，阿基米德出生于叙拉古附近的一个小村庄，他的家庭属于贵族，但据说并不富裕。由于父亲的影响，阿基米德从小就热爱学习，善于思考和辩论，对数学、天文学，尤其古希腊几何学都有浓厚的兴趣。刚满 11 岁时，借助与王室的关系，他被送到埃及的亚历山大里亚城学习，在这座被世人誉为"智慧之都"的城市里，阿基米德学习和生活了许多年，他博览群书，跟很多学者建立了密切的关系，还做了欧几里得学生埃拉托塞和卡农的门生，跟随他们钻研哲学、数学、天文学和物理学。回到叙拉古后，他仍然和亚历山大里亚的学者们保持着联系，相互交流科学研究成果。

　　阿基米德在许多科学领域都获得了令同时代科学家高山仰止的成就。数学领域，阿基米德使用"穷竭法"求得了抛物线弓形、螺线、圆形的面积和体积以及椭球体、抛物面体等复杂几何体的体积，被公认为微积分计算的鼻祖。他还利用此法估算出了 π 值，得出了三次方程的解法。他还提出了一套按级计算法，并利用它解决了许

古希腊物理学家阿基米德

这是拜占庭壁画中的一部分，描绘了罗马大军攻破叙拉古城时，阿基米德仍沉醉于数学研究之中，图中他双手保护着自己的数学工具，两眼愤怒地回望着什么。（原图中站在他身后的是一持剑的罗马士兵）

传说阿基米德为了弄清赫农王的皇冠是否为纯金所铸，苦思冥想，毫无头绪。一天，他到公共浴池洗澡，当坐进浴盆时，他发现水往上升起并溢出盆外，他猛然受到了启发：如果王冠放入水中后，排出的水量不等于同等重量的金子排出的水量，那肯定是掺了别的金属。这就是有名的浮力定律，即浸在液体中的物体受到向上的浮力，其大小等于物体所排出液体的重量。

多数学难题。他主要的数学著作有《论球和圆柱》、《论劈锥曲面体与球体》、《抛物线求积》和《论螺线》。力学领域，阿基米德的成就主要集中在静力学和流体静力学方面。在研究机械的过程中，他发现了杠杆原理。在研究浮体的过程中，他发现了浮力定律，也就是有名的阿基米德定律。他著有《论平板的平衡》、《论浮体》、《论杠杆》、《论重心》等力学著作。在天文学领域，阿基米德设计了一些可以转动的圆球，用以表现日食、月食现象。他认为地球是圆球状的，并围绕着太阳旋转，这比哥白尼的"日心地动说"要早 1800 年。

阿基米德热衷于将科学发现应用于实践，他一生设计、制造了许多机械，除了杠杆系统外，值得一提的还有举重滑轮、灌地机、扬水机以及军事上用的投射器等。被称作"阿基米德举水螺旋"的扬水机是现代螺旋泵的前身。

阿基米德又是一个伟大的爱国者，当罗马军队入侵叙拉古时，他指导同胞制造了很多武器，如用于远距离投掷的投石机、能将敌船提起扔出的铁爪式起重机，以及利用聚光原理使敌船燃烧的大凹镜。在这些武器的帮助下，罗马人被阻达 3 年之久，直到公元前 212 年，利用守城居民的大意，罗马军队才最终进入叙拉古。城破之后，阿基米德被一名无知的罗马士兵杀死，终年 75 岁。他的遗体被葬在西西里岛，墓碑上刻着一个圆柱内切球的图形，以纪念他在几何学上的卓越贡献。

生卒年：1473 ～ 1543
国　籍：波兰
出生地：波兰的托伦城
性　格：聪慧机敏、勤奋踏实、矢志不渝
家　庭：出身于富商家庭

哥白尼

挑战权威，捍卫真理

哥白尼出生于波兰的富商家庭，10 岁丧父，后由舅父瓦兹洛德大主教抚养，受到良好的教育。他少年时代就对天文学有浓厚兴趣，喜欢观察天象，逐渐积累了丰富的天文学知识。上中学时，哥白尼就在老师指导下制成了一具按照日影确定时刻的日晷。

1491 年，18 岁的哥白尼进入克拉科夫大学，人文主义学者、数学家和天文学家布鲁楚斯基对他的影响很大，哥白尼经常向他请教天文学和数学方面的问题，还学会了用天文仪器观测天象。但他所提的问题颇有深度，有些连布鲁楚斯基也答不上来。大学毕业后，瓦兹洛德资助他前往意大利学习教会法规。

1497 年～ 1500 年，哥白尼在意大利波洛尼亚大学深造，他在学习教会法规的同时，还研究多种学科，尤其对数学和天文学感兴趣。他与该校的天文学教授、意大利文艺复兴运动的推动者诺法拉交往甚密，他们经常一起观测天象，记录数据，研讨前人有关

哥白尼像

哥白尼是波兰天文学家，他在经过多年的观察和论证后，提出了爆炸性的革命观点——"日心说"，从而推翻了长期以来居于统治地位的"地心说"。

有关"地心说"描述的天体仪器

从图中可以看出，地球位于宇宙的中心，而日月星辰则围绕在地球的周围。欧洲教会维持了 1400 多年的这个错误理论最终被哥白尼的"日心说"彻底打破了。

天文学的著作。哥白尼逐渐接受了人文主义思想，和其他文艺复兴学者一样，喜欢研读古希腊的古典著作。他了解到，古希腊天文学家阿里斯塔恰斯早在公元前 3 世纪，就提出了地球绕太阳运行的理论，并测定了太阳和月亮与地球距离的近似比值，但后来遭到宗教势力的压制，当时许多学者也加以批判。但哥白尼不以为然，他对阿里斯塔恰斯的观点很感兴趣，为了检验其正确性，他做了大量的天文观测实验。天文观测的结果和对前人著作的钻研，使他对地球中心说愈来愈持怀疑态度。地球中心说是古希腊哲学家亚里士多德提出来的，认为地球静止不动地居于有限的宇宙中心，日月星辰都围绕地球运转。公元 2 世纪的天文学家托勒密又对其加以推演论证，使之进一步系统化。这一学说被基督教会奉为真理，成为神权统治的重要理论基础。

1506 年，哥白尼学成归国，在弗罗恩堡大教堂担任教士。这使得他有了一定的社会地位和物质保障，得以继续从事天文学观测和相关的实验活动。为了便于观测天象和不引起人们注意，他特意选择了教堂围墙上的一个箭楼作为自己的宿舍兼工作室。这其实是一个小小的天文台，里边陈设着自制的简陋仪器。在这个不起眼的实验室里，他进行了长达 30 年的天文观测。随着研究的深入，他提出了太阳中心说，继而完成了震惊世界的巨著《天体运行论》。书中选用的 27 个观测事例，有 25 个是他在这个箭楼上观测记录的。《天体运行论》共 6 卷，书中完整地阐述了太阳中心说，批判了托勒密地球静止不动的错误理论。

哥白尼的太阳中心说，科学地阐明了天体运行的现象，推翻了长期以来禁锢人们思想的地球中心说，从根本上否定了基督教上帝创造一切的谬论。尽管他的学说仍然坚持宇宙中心和宇宙有限论，但已经把天文学从宗教神学的束缚中解放出来，实现了天文学的根本变革，标志着近代天文学的开端。哥白尼被誉为"近代天文学之父"。

生卒年：1564 ～ 1642
国　　籍：意大利比萨
出生地：比萨
性　　格：谨慎、活泼、富有思想
家　　庭：出身于没落的贵族家庭

伽利略

好学善思，不惧权威

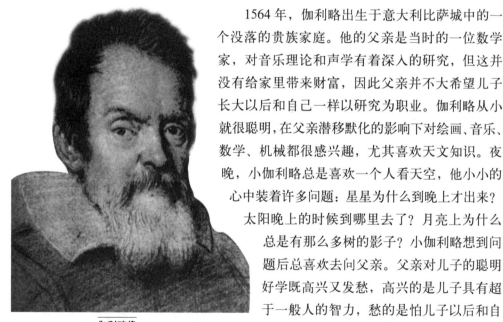
伽利略像

1564 年，伽利略出生于意大利比萨城中的一个没落的贵族家庭。他的父亲是当时的一位数学家，对音乐理论和声学有着深入的研究，但这并没有给家里带来财富，因此父亲并不大希望儿子长大以后和自己一样以研究为职业。伽利略从小就很聪明，在父亲潜移默化的影响下对绘画、音乐、数学、机械都很感兴趣，尤其喜欢天文知识。夜晚，小伽利略总是喜欢一个人看天空，他小小的心中装着许多问题：星星为什么到晚上才出来？太阳晚上的时候到哪里去了？月亮上为什么总是有那么多树的影子？小伽利略想到问题后总喜欢去问父亲。父亲对儿子的聪明好学既高兴又发愁，高兴的是儿子具有超于一般人的智力，愁的是怕儿子以后和自己一样一生都贫困潦倒，他希望儿子长大以后能有一个收入比较好的职业。

伽利略 8 岁的时候，父亲送他去当地的修道院进行学习。　伽利略在学校学习很刻苦，尤其喜欢数学和物理，老师们也特别喜欢这个勤奋好学、思维敏捷的孩子。17 岁时，伽利略以优异的成绩考入了比萨大学。在父亲的安排下他进入了医学系进行学习——

伽利略的比萨斜塔实验证明了亚里士多德关于落体方面的理论是错误的。伽利略想利用一个斜面来测量一个球落下的时间间隔这个主意，使他才获得了定量的结果。图中伽利略正在讲解他的实验，背景里的斜塔则说明地点在比萨。

因为当时做医生是个稳定而又挣钱的职业。伽利略对医学并不感兴趣，他经常逃课去图书馆阅读数学、物理、哲学方面的书籍，一有时间就去数学和物理系听课。靠着自己的顽强毅力和不懈努力，伽利略在入学第一年中参加数学专业考试时，成绩远远地超过了数学系的学生。

大学二年级的一天，伽利略去教堂做礼拜，他无意中看到教堂天花板上悬挂的吊灯在微风的吹拂下来回摆动，他盯着吊灯看了好半天，突然有一个很惊奇的发现：灯好像从一端摆到另一端的距离相等啊？这个意外的发现，令伽利略兴奋不已，他隐约觉得这个看似不起眼的现象中有着伟大的科学道理。于是他又将右手搭在左手的脉搏上，数着自己的脉搏跳动的次数来测定吊灯每次摆动的时间。真的！每次摆动的时间完全相同！他立刻将这个想法告诉了和他一起去的同学，在同学的帮助下他找了两个铅摆，把它们拉开不同的距离，然后让它们自由摆动，并分别数出每个铅摆在同样的时间内摆动的次数。结果发现在相同的时间内，铅摆摆动的次数完全相同！就这样伽利略靠着他的科学家的天生的敏感和善于思考的习惯，发现了"等时性原理"，后来另一位科学家惠更斯就是根据这个原理，发明了如今对人们有很大作用的时钟。

1590 年，伽利略在一次偶然的冰雹中发现：冰雹无论大小都是同时落地。这使他对长期以来人们坚信不疑的亚里士多德的"物体自高处自由落下的速度和重量成正比"的理论，产生了很大的怀疑。当时的伽利略在比萨大学任教，他便把这个发现告诉了他的学生。这在当时的学术界引起了很大轰动。人们嘲笑伽利略不知天高地厚，竟对科学界的权威——亚里士多德进行质疑。为了证明自己的发现，伽利略决定在比萨斜塔上做一次实验。伽利略在实验前做了精心的准备，他坚信自己的实验一定会成功。实验那天，比萨城的许多人都来观看，一些学术界的顽固派认为这次伽利略肯定得出丑。伽利略爬上塔顶，两手中分别拿着大小不一的两个铁球。在众目睽睽之下，他大声喊道："大家请注意观看！铁球落下了！"说完，他把手同时张开，两个铁球垂直而下，最后"咚"的一声，铁球同时落地！观众们在瞬间的沉默后，爆发了一片热烈的掌声，那些讥笑他的人完全目瞪口呆了。就这样，伽利略凭着自己对权威的大胆挑战，成功地证明了他所发现的著名的自由落体定律。

伽利略的书房

在这间有些简陋的书房内，伽利略完成了他一生中的许多重要发现。室内的诸多摆设显示了他知识的多元化。

  1592 年，28 岁的伽利略进入了威尼斯的帕多瓦大学担任数学和天文学教授。伽利略在教学的过程中不断地做实验来证明科学界已存在的定论。后来，经过多次的研究，伽利略制成了可以放大 32 倍的放大镜。利用这台望远镜，他发现银河是由许多小行星汇聚而成的；太阳表面有一些黑点，而这些黑点在不断地运动；后来他又花了很长时间观察太阳附近的木星、金星等行星，结果发现他们都在不停地运转着，而且他们是围着太阳旋转。这无疑证明了太阳是太阳系的中心。伽利略将这个发现公布于世，这使当时在意大利占统治地位的天主教感到十分恐惧，因为几百年来，他们一直宣传地球才是宇宙的中心。1632 年，伽利略最有名的著作《关于两种世界体系之间的对话》出版，年近 70 的他因此而被教皇召去罗马教廷受审，饱尝折磨，他被迫宣誓放弃哥白尼的学说，仍被判处终身监禁，监外执行。但他没有放弃科学研究，3 年后，他完成了最后一部名著《关于力学和位置运动的两种新科学的对话和数学证明》，这部书总结了他在力学方面的研究成果，其中的许多原理，后来被牛顿发展成为牛顿三大定律。这部书被偷运到荷兰出版时，伽利略已经双目失明。

  1642 年，伽利略患热病与世长辞，享年 78 岁。

生卒年：1642 ～ 1727
国　籍：英国
出生地：林肯郡的乌尔索普村
性　格：腼腆、顽强、喜好思考
家　庭：出身于农民家庭。牛顿跟着年迈的外祖母过活

牛 顿

最伟大、最有影响力的科学家

　　牛顿自幼沉默寡言，性格倔强，少年时代就喜欢摆弄小机械。12 岁时，牛顿来到格兰山镇上的金格斯中学，寄宿在克拉克的药店楼上。他用木箱和玻璃瓶做成水钟，控制时间，每天黎明时水钟按时滴水到他的脸上，把他叫醒。

　　牛顿在中学时代学习成绩并不出众，只是爱好读书，对自然现象有好奇心，他分门别类地记读书心得笔记，又喜欢做些小工具、小发明、小试验。1661 年，牛顿以减费生的身份进入剑桥大学三一学院，1664 年成为奖学金获得者，1665 年获学士学位。一位叫作巴罗的学者发现牛顿是个人才，举荐他为研究生，把牛顿引向了自然科学的王国。1665 年，伦敦瘟疫流行，剑桥停课，牛顿回到了故乡。

　　1665 ～ 1666 年，牛顿认真总结了巨人们的科学研究方法并加以运用，很快就产生了二项式定理，并制定出微积分，用三棱镜把白光分解成七色光并确定了每种颜色光的折射率，他还继承

艾萨克·牛顿是世界杰出的自然科学家，17 世纪自然科学革命的头等人物。他在物理学、天文学、数学等领域都做出了卓越的贡献。他也因此而成为第一位被女王授予爵士头衔的自然科学家。

《自然哲学的数学原理》书影

此书被评价为科学史上最伟大的著作，在这本书中，牛顿为以后300年的力学研究打下了基础。

了笛卡儿把地上的力学应用于天体现象的想法来探索行星椭圆轨道问题，试图把苹果落地与月亮绕地联系起来。1667年牛顿重返剑桥大学，在巴罗教授指导下继续从事科学研究。1669年，巴罗教授推荐他担任"卢卡斯数学讲座"教授，26岁的牛顿担任此职一直到53岁。1672年，他被接纳为伦敦皇家学会会员。1687年，《自然哲学的数学原理》这一划时代的著作问世，该书以牛顿的三大运动定律和万有引力定律为基础，建立了完美的力学理论体系，说明了当时人们所能理解的一切力学现象，解决了行星运动、落体运动、振子运动、微粒运动、声音和波、潮涨潮落以及地球的扁圆形状等各式各样的问题。在以后的200多年中，再也没有人补充任何本质上的东西，直到20世纪量子论和相对论的出现，才使力学的范畴扩大。1696年，牛顿的同学、财政大臣蒙格特请牛顿担任造币局副局长，牛顿经过两三年努力，很快解决了英国的币制混乱问题，并在1699年升任造币局局长。1703年，牛顿被选为皇家学会主席。之后，他又发表了《光学》、《三次曲线枚举》、《流数法》、《使用级数、流数等等的分析》等著作。

1727年3月，84岁的牛顿出席皇家学会例会后，突然发病，回到家中后，于3月20日拂晓前与世长辞。他的临终遗言是："我不知道世上的人对我怎样评价。我却这样认为，我好像是在海滨上玩耍的孩子，时而拾到几块莹洁的石子，时而拾到几块美丽的贝壳并为之欢欣。那浩瀚的真理的海洋仍展现在面前。"

尽管牛顿在世时已被认为是一个划时代的科学先驱，但他的研究工作仍引来了许多人的诽谤与非议，这幅充满寓意的光实验绘画表现了牛顿在科学上的胜利。

生卒年：1809 ～ 1882
国　籍：英国
出生地：英格兰的施鲁斯伯里镇
性　格：好奇、勤奋、严谨
家　庭：出身于医生世家。父亲是很有名望的医生

达尔文

生物进化论的开创者

　　达尔文 8 岁时进入教会学校读书。他从小就喜欢收集邮票、画片、矿石、钱币等，对动植物和普通机器也有很大的兴趣。9 岁时，他进入文法学校读书，学习成绩平平，但更专注于以前的兴趣。16 岁时，他被父亲送到爱丁堡大学学医，但他对于授课内容没有什么兴趣，两年后转往剑桥大学学习神学，父亲希望他将来成为一个"尊贵的牧师"。

　　在剑桥的三年里，达尔文与地质学教授塞奇威克和植物学教授亨斯罗结识，更加喜欢对自然界的观察和研究，而对神学的学习却没什么进展。当读了洪堡的《南美洲旅行记》和赫胥黎的《自然哲学导言》之后，他已经立志要投身于自然科学研究了。

达尔文的妻子爱玛·达尔文是一位天才的演奏家，暮年的达尔文便经常在家里倾听妻子用钢琴弹奏的音乐。

　　1831 年，达尔文大学毕业，经亨斯罗的推荐，以博物学家的身份参加了英国政府组织的"贝格尔"号军舰的环球考察，开始了漫长而又艰苦的环球考察活动。达尔文每到一地总要进行认真的考察研究，采访当地的居民，采集矿物和动植物标本，挖掘生物化石，收集没有记载的新物种，积累了大量资料。在考察过程中，达尔文敏锐地觉察到了物种在不同地区的变化状况，逐渐对《圣经》中"创世纪"的人类起源说产生了怀疑，并萌生了生物进化论的思想。这次环球考察在 1836 年 10 月结束，回到英国后，达尔文

达尔文的《航海旅行日记》

开始为他的生物进化理论寻找根据。1839 年，他和表妹爱玛结婚。

1859 年 11 月，达尔文经过 20 多年苦心研究写成的科学巨著《物种起源》正式出版。在这部书里，他提出了"进化论"的思想，说明物种是在不断的变化之中，是由低级到高级、由简单到复杂的演变过程。达尔文列举了大量事实，以自然选择的理论阐释了生物进化观点。这部著作第一次把生物学建立在完全科学的基础上，推翻了神创论和物种不变的理论，标志着进化论的正式确立。紧接着，达尔文又开始了他的第二部巨著《动物和植物在家养下的变异》的写作，进一步阐述他的进化论观点，提出物种的变异和遗传、生物的生存斗争和自然选择的重要论点，并很快出版了这部巨著。

《物种起源》在学术界和社会上引起了巨大轰动，达尔文的声誉也迅速传遍全球。剑桥大学授予他法学博士的称号，为此举行了隆重的会议，在会上用拉丁语向达尔文致以贺词。1878 年，达尔文被选为法国科学院植物学部通讯院士，同年又被选为柏林科学院的通讯院士。

1882 年 4 月 19 日，达尔文在家中逝世，享年 73 岁。他被安葬在威斯敏斯特大教堂，与牛顿等名人长眠在一起。

航行途中的"贝格尔"号

生卒年：1833 ~ 1896
国　　籍：瑞典
出生地：瑞典斯德哥尔摩市
性　　格：勤奋、坚强、勇敢、睿智
家　　庭：出身于科学世家

诺贝尔

设立诺贝尔奖的炸药大王

诺贝尔1833年出生在瑞典首都斯德哥尔摩。1841年至1842年间，他在斯德哥尔摩的圣雅可比教会学校学习。10岁时，诺贝尔全家迁到了俄国的彼得堡。那儿没有瑞典语学校，父亲为诺贝尔兄弟三人聘请了瑞典籍的家庭教师。这个家庭教师学识不凡，不但教给他们英、法、俄、德诸国的语言，还经常给他们讲授科学技术方面的知识。

1850年，诺贝尔先后到欧美诸国广泛游历，学习机械方面的知识。两年后，诺贝尔回到父亲身边。父亲老诺贝尔是位发明家，在俄国有一座大型机械工厂，从事大规模的水雷生产。父亲希望儿子将来做个出色的机械师，但诺贝尔在父亲永不停息的创造精神的影响和引导下，逐步走上了光辉灿烂的科学发明之路。

1847年，意大利化学家索布雷罗发明了硝化甘油。它除了可用于医疗外，还具有强烈的爆炸性，但性能极其不稳定，难于控制。诺贝尔从研究这种硝化甘油的稳定性入手，进一步发现，把它和中国发明的火药混在一起，就可以制成威力更强大的炸药。不久，他又发现用火药引爆硝化甘油的方式不

诺贝尔像

诺贝尔一生致力于炸药的研究与实验，尽管时刻有生命的危险，但这并未动摇他攀登科学高峰的决心。

诺贝尔的实验室

理想。诺贝尔继续埋头试验，期待找到一种替代火药的引爆物。1864年9月3日，一声巨响，他的实验室被炸得支离破碎。他的小弟埃米尔和另外4名助手当场被炸死。诺贝尔当时不在现场，才得以幸免。

由于危险太大，瑞典政府禁止重建这座实验室。但被认为是"科学疯子"的诺贝尔丝毫不为所动，他把实验室搬到了斯德哥尔摩郊区马拉伦湖的一艘平底船上继续工作。经过上百次的试验，他发现雷酸汞对震动非常敏感，甚至受到摩擦或轻微撞击，就能立即引起爆炸。不久，他成功研制出理想的引爆装置——雷管。雷管的发明在炸药制造中是一项重大突破，与炸药本身的发明具有同等重要的意义。1865年，诺贝尔正式建立了第一座硝化甘油工厂，并在德国汉堡等地建立了炸药公司。

当时正处于工业革命上升时期，开山、筑路、开矿等都需要炸药，各地的订单雪花般地向诺贝尔的炸药公司飞来。但是硝化甘油很不稳定，遇到震动极易爆炸，所以发生了多起因运输炸药而起的爆炸事故。一次，满载硝化甘油的"欧罗巴"号轮船在大西洋航行时，途中遭遇大风浪，颠簸得厉害，最后引起硝化甘油爆炸，轮船被炸碎，船员无一生还。鉴于这次严重事故，各国政府严禁运输诺贝尔炸药。

诺贝尔再一次面临严峻考验，但他毫不退缩，决心解决炸药的安全运输问题。经过数不清的挫折和失败，几次险些丧命，他终于发现将硝化甘油融入惰性物质，可以在不影响其威力的情况下增强其稳定性。诺贝尔称这种炸药为达纳炸药，并于1867年获得专利。之后，他先后发明了胶质炸药、无烟炸药等。诺贝尔一生共获得355项专利，其中的129项和炸药有关，并在英、美、法、俄、意、德等20个国家设立近100座工厂，积累了巨额财富。1895年，他留下遗嘱，把920万美元遗产存入银行作为基金，每年将利息奖给世界上对和平、文学、物理、化学、生理或医学做出重大贡献的人。这就是闻名世界的诺贝尔奖（1968年又增设了诺贝尔经济学奖）。

1896年12月10日，诺贝尔在意大利的圣雷莫因突发脑溢血逝世，享年63岁。

生卒年：1847 ～ 1931
国　　籍：美国
出生地：美国俄亥俄州的米兰小镇
性　　格：好奇、诚实、勤奋、谦逊
家　　庭：出身于平民家庭

爱迪生

好奇心成就的发明大王

　　爱迪生 1847 年出生在美国俄亥俄州米兰镇的一个平民家庭。他从小就有强烈的好奇心，对生活中的每一件事，都喜欢寻根究底。如果大人们不能给他满意的答案，他就自己想办法解决，但上学后成绩很差，只念了几个月的书，就被学校以"智力有问题"为由赶出校门。此后，他在母亲的引导下开始自学。

　　爱迪生喜欢读书，不到 10 岁，他就读过莎士比亚、狄更斯的著作和其他许多历史书籍，以及帕克的《自然与实验哲学》。11 岁时，他又迷上了化学。为了减轻父母的负担，爱迪生到列车上去卖报，兼做水果、蔬菜生意。他赚的钱除了贴补家用，还用来购买化学药品和设备。不久，他在火车上建立了一个小小的实验室。一次，他在做实验时引起火灾，列车长盛怒之下将他的瓶瓶罐罐全扔了出去，还打了他一记耳光。1862 年 8 月，爱迪生在火车道上救下一个男孩，孩子的父亲很是感激，于是就教会他一些电报技术，并推荐他在铁路公司当电报生。第二年，爱迪生在大干线铁路斯特拉福特枢纽站当电信报务员，从此走上了新的人生旅途。在后来的几年中，爱迪生一直在美国中西部各地担任报务员。

　　21 岁时，爱迪生发明的一台自动记录投票数的装置，获得了第一项发明专利。1869 年 6 月，他来到

爱迪生像
当爱迪生需要为自己的冒险事业寻找支持时，他对自己及发明的信心远远抵消了学历的不足，除了惊人的精力外，他那从未消失的好奇心也是他成功的主要因素。

爱迪生发明的留声机
留声机的发明大大丰
富了人们的精神生活。

纽约，靠自己娴熟的技术在一家通讯所找到一份管理电报机的工作。不久，他又发明了新式电报机，得到 4 万美元的津贴。同年 10 月，他用这笔钱与好友波普共同成立了"波普—爱迪生公司"，专门经营用于电气工程的科学仪器。在这座工厂的实验室，他又发明了复式电报机——可以在一根线上同时拍发最多可达八通的电报——和"爱迪生普用印刷机"，获得一笔数量可观的佣金。不久，爱迪生建了一座专门制造各种电气机械的工厂，后来他又相继发明蜡纸、油印机、二重及四重电报机等。

1877 年，爱迪生改进贝尔电话，使之进入实际使用阶段。同年，他还发明了被认为是"改变人们生活的三大发明之一"的留声机。这时，他开始尝试用电来照明。两年后，爱迪生经过无数次失败，终于发明出世界上第一盏具有真正实用价值的电灯，然而它只工作了 40 多个小时就烧毁了。为了延长灯丝的寿命，他大约试用了 6000 多种纤维材料，才找到了新的发光体——日本竹丝。它可以持续照明 1000 多小时，达到了经济、耐用的目的。

此后，他还发明了电影放映机，还在 1903 年摄制完成第一部故事片《列车抢劫案》。第一次世界大战期间，他又研制出鱼雷机械装置、喷火器和水底潜望镜。从 1869 年到 1910 年的 41 年间，爱迪生共获得 1328 项发明专利，平均每 10 天就有一项新专利问世。爱迪生不仅是一位伟大的发明家，还是一位出色的实业家。他创办了许多商业性公司，这些公司后来合并为爱迪生通用电气公司，又称通用电气公司。

1929 年，民众为爱迪生发明电灯 50 周年举行庆祝大会，爱因斯坦、居里夫人等著名科学家纷纷到场祝贺。爱迪生在大会上致辞，但他由于过分激动突然昏厥。此后，他的健康状况逐渐恶化。1931 年 10 月 18 日，爱迪生与世长辞，享年 84 岁。

生卒年: 1858 ~ 1947
国　籍: 德国
出生地: 德国的沿海城市基尔
性　格: 谦虚谨慎、忠于职守、英勇顽强
家　庭: 出身于书香门第。父亲是法学教授

普朗克

谦虚谨慎、执着坚定的物理学家

　　1858 年，普朗克出生于德国的沿海城市基尔。他从小表现出极高的数学天赋，1867 年随家迁往慕尼黑，旋即进入慕尼黑大学预科学校。从此，他把研究物理学作为一生的职业。之后，他先后就读于慕尼黑大学和柏林大学。1877 年 ~ 1878 年间，他深受物理学家 H. 赫姆霍兹和 G.R. 基尔霍夫的影响，并于 1879 年获得了博士学位。

　　普朗克毕业后在慕尼黑大学任教，1885 年被聘为基尔大学的教授。1889 年，他转入柏林大学任教，成为基尔霍夫的继任人（先任副教授，1892 年后任教授）和理论物理学研究所主任。普朗克对黑体辐射问题有着浓厚的兴趣，他一生的大部分时间致力于此。在普朗克之前，人们用经典物理学解释黑体辐射实验时引发了所谓的"紫外灾难"。而瑞利和维恩等科学家提出的公式和实验事实相比，只能在部分范围与之符合。普朗克从 1896 年开始对热辐射进行了系统的研究。他经过几年艰苦努力，终于导出一个用来准确描绘黑体辐射的代数公式。这个代数公式为黑体辐射的研究提供了重要工具，至今还被理论物理学家普遍使用。

马克斯·普朗克像
普朗克的名声主要在于他是量子论的奠基者。这一理论对理解原子和亚原子过程起了革命性意义。然而，他在获得成功和荣誉的过程中所付出的努力却往往是常人所不能承受的。

量子力学描述的是已知存在的最小物质单位，即量子以及诸如电子、质子和夸克之类的亚原子粒子是如何相互作用的。此图显示了一个原子的结构以及构成它的亚原子粒子。

1900 年 12 月，普朗克在德国物理学年会上做了题为《正确光谱辐射的分布理论》的报告，提出了关于量子理论的大胆假说。他指出，物质辐射的能量不是连续的，而是由小微粒组成的。他把这种小微粒叫作"量子"或"能量子"。他的假说宣告了量子力学的诞生，突破了牛顿经典力学的范围，开创了 20 世纪物理学蓬勃发展的新局面。量子力学的提出堪称 20 世纪最重大的科学成就之一。由于在量子力学方面做出的杰出贡献，普朗克于 1918 年获得了诺贝尔物理学奖。

1933 年，希特勒在德国上台执政，开始迫害犹太人。尽管普朗克对希特勒的法西斯主义非常反感，但在朋友及同行们的劝说下，普朗克非但没有离开，还担任了威廉皇家学会会长的职务。他竭力做政府的工作，力求使更多优秀的科学家留在德国。他充当了科学与政治之间的斡旋者。一方面，他游说政府（曾面见希特勒）劝其不要强迫犹太人移民，否则会给德国的科学事业造成不可估量的损失。同时，普朗克还向法西斯当局作了最大程度的妥协，如在演说台上吹嘘希特勒。另一方面，他苦口婆心地劝说受到压制的犹太科学家为了科学多忍耐一些，尽量不与政府正面冲突。他利用自己的威望，为帮助和支持受法西斯迫害的犹太籍科学家而奔走呐喊。在此期间，普朗克领导、参与了当时德国的大部分科学研究工作。在极不愉快的工作环境下，普朗克做了自己力所能及的事情。他以一个科学家对科学、祖国的满腔热情，为捍卫科学的尊严与纳粹分子展开针锋相对的斗争。

1944 年，普朗克在一位好友的帮助下移居到比较安全的哥廷根。这使他得以在战争中幸存。1947 年 10 月 4 日，普朗克在那里逝世，享年 89 岁。马克斯·普朗克被认为是"量子力学之父"，是近代最伟大的物理学家之一。

生卒年：1867～1934
国　籍：法国
出生地：波兰首都华沙
性　格：吃苦耐劳、内向
家　庭：出身于平民家庭。父亲是中学教师，
　　　　母亲是钢琴家

居里夫人

献身科学的伟大女性

　　玛丽·居里（在和法国科学家比埃尔·居里结婚后，才称玛丽为居里夫人）的父亲是一位中学的数学和物理教师，在父亲的影响下，玛丽从小就对物理现象产生了兴趣。玛丽6岁进入私立小学，14岁进入华沙公理女子中学，16岁时以优异的成绩毕业，并获得学校颁发的金质奖章。当时的波兰大学不收女生，而父亲又没有钱供她到国外读书，所以玛丽当了5年的家庭教师。1891年，玛丽来到巴黎，进入巴黎大学理学院学习，在1893年以优异的成绩获得物理学硕士学位，翌年又取得了数学硕士学位。

　　1894年，玛丽接受了法国国家实业促进委员会的委托，研究各种钢铁的磁性。在此期间，她与法国科学家比埃尔·居里结识，由于彼此志趣相投，他们在1895年结婚。当时，法国物理学家柏克勒尔发现铀盐矿物能放射出一种奇妙的射线，这种射线尽管看不到，

玛丽·居里在她的实验室专心致志地做实验，正是在这里，她和她的丈夫一起发现了放射性元素钋和镭，这些发现将核物理研究大大向前推进了一步。

却能穿透普通光线所不能穿透的黑纸片，而使照相底片感光。但铀盐为什么会放出这种射线，还是一个未知的迷。这一发现引起了居里夫人很大的兴趣，她决定以此作为自己的研究题目。经过多次的测试和检查，居里夫人敏感地意识到沥青铀矿中可能含有一种新的不为人知的放射性很强的元素。这时，比埃尔也加入了居里夫人的研究，终于在

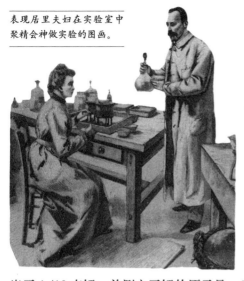

1897 年 7 月，居里夫妇确认了新元素的存在。居里夫人把这种新元素命名为钋（元素符号为 Po），以此纪念她的处在沙俄蹂躏之下的祖国波兰（Poland）。同年 12 月，居里夫妇又从沥青铀矿中发现了一种放射性更强的元素，这种元素能在黑暗处自动发射出光亮。居里夫人把这种新元素命名为镭，是拉丁文中放射的意思。

钋和镭这两种新元素被发现的消息迅速传遍了世界，居里夫妇决定从沥青铀矿中提取镭，向科学界证实自己的发现。经过 45 个月的奋战，居里夫妇终于在 1902 年提取出了 1/10 克镭，并测定了镭的原子量。1903 年，居里夫妇和柏克勒尔一起获得了诺贝尔物理学奖，而居里夫人也成为第一位获此殊荣的女科学家。1909 年 4 月 19 日，比埃尔在回家途中，不幸遭遇车祸身亡。居里夫人忍住悲痛，独自承担起他们共同的事业，在 1910 年提炼出了纯镭，并确定了镭的原子量为 235。同年，她出版了自己的名著《论放射性》。1911 年，居里夫人以在镭研究上的重大突破单独获得了诺贝尔化学奖。

镭的发现和应用，使居里夫人成了闻名世界的大科学家。她成了法国科学院的第一位女院士，巴黎大学的第一位女教授。她一生中有 7 个国家 24 次授予她奖金和奖章，担任了 25 个国家的 100 多个荣誉职位。但居里夫人始终保持着谦虚、高尚的品质。1934 年 7 月 4 日，居里夫人逝世，直接死因是长期暴露于放射性物质引发的恶性白血病。

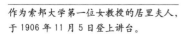

生卒年：1879～1955
国　　籍：美国
出生地：乌尔姆城
性　　格：正直、谦虚、睿智
家　　庭：出身于犹太平民家庭。父亲是商人，
　　　　　母亲喜爱文学和音乐

爱因斯坦

20 世纪最伟大的科学家

    爱因斯坦从小兴趣广泛，有强烈的求知欲和对新鲜事物的好奇心。他 10 岁时进了慕尼黑的路德波提中学，12 岁时自学了欧几里得的几何学，13 岁时就阅读了德国哲学家康德的著作。由于不满德国的军国主义教育，爱因斯坦在 17 岁时离开德国来到瑞士，考入苏黎世工业大学，主修数学和物理，1900 年，以优异的成绩通过国家考试毕业。1903 年，爱因斯坦同米列娃·马里奇结婚。

    1905 年，爱因斯坦在《物理学记事》上连续发表了 3 篇科学论文，取得了科学研究的重大突破。一篇是讨论布朗运动的，用最有力的证据证明了分子的存在；一篇是发展普朗克的量子论的，提出了光量子的假设，他也因此获得了 1921 年的诺贝尔物理学奖；第三篇是《论运动物体的电动

爱因斯坦是一位科学天才，他的理论改变了我们对世界的认识。不仅如此，他还是一位深刻的思想家、一位不同寻常的人，他将一生都奉献给科学、自由、正义和平等。图中爱因斯坦目光炯炯，透射出智者的神情。

力学》，是爱因斯坦狭义相对论的第一篇，但在当时，他的相对论思想还没有几个人能够理解。就这样，爱因斯坦在不到一年的时间里在物理学的三个不同领域中取得了重大突破，这在科学发展史上是没有先例的，而他当时年仅 26 岁。此后，他先后被聘为苏黎世工业大学副教授、布拉格大学和瑞士联邦高等专科学校的教授。1911 年，他在布鲁塞尔的一次科学大会上与居里夫人相识，得到了居里夫人的极高评价。1913 年，爱因斯坦回到故乡德国，被选为普鲁士科学院院长和柏林大学教授，并担任了恺撒·威廉

物理研究所所长。

1915 年，在狭义相对论发表十年后，爱因斯坦终于发表了广义相对论。1916 年，他完成了总结性的论著《广义相对论原理》，这本著作把哲学的深奥、物理学的直观和数学的技艺令人惊叹地结合在一起，被称为是 20 世纪理论物理学的巅峰。1916 年，爱因斯坦又总结了量子论的发展，奠定了现代激光技术的理论基础。今天，相对论和量子论一起成了现代物理学中最主要的理论基础，是宇宙航行和天文学的主要理论依据。20世纪 20 年代后，爱因斯坦集中力量探索统一场理论，并在 1929 年发表了研究论文《统一场论》。希特勒上台后，纳粹政权疯狂迫害犹太人，爱因斯坦宣布放弃德国国籍，于1933 年 11 月移居美国新泽西州的普林斯顿，在那里继续开展科学研究，于 1940 年加入美国国籍。

爱因斯坦在发表狭义相对论时提出的质能转换公式在 1939 年时已经不再是一个纯理论问题了，因为科学家们已经进行了从原子核裂变中获得巨大能量的实验，而德国在当时的原子能实验中居于领先地位。爱因斯坦对此深感不安，他在 1939 年给美国总统罗斯福写信，介绍了原子弹的巨大威力，敦促美国政府加快对原子弹的研究。爱因

斯坦本想使原子弹成为一种威慑力量，但是当 1945 年 8 月 6日第一颗原子弹在日本广岛爆炸时，爱因斯坦感到无限的悲哀，并尖锐地指出原子弹作为战争武器会使人类灭亡的可怕后果。

1955 年 4 月 18 日凌晨，爱因斯坦在睡梦中与世长辞，享年 76 岁。

爱因斯坦于 1921 年获得的诺贝尔奖的证书

1933 年爱因斯坦提出能量聚集的新理论，并邀请科学界的精英与记者一起参加他的学术论坛。

姓　名：李冰
生卒年：战国时期
祖　籍：不详
性　格：坚毅仁厚、勤于实践、善于思考
家　庭：出身于农民家庭

李 冰

巧夺天工的水利专家

李冰是中国战国时期杰出的水利工程学家，都江堰的设计者和兴建的组织者。大约在秦昭襄王五十一年（公元前256年），李冰被任命为蜀郡守。他到任以后，看到当地严重的自然灾情，就着手开始进行大规模的治水工作，设计并组织兴建了都江堰。整个工程是由分水堰、飞沙堰和宝瓶口三个主要工程组成的，规模宏大，地点适宜，布局合理，同时有防洪、灌溉、航行三种作用，充分体现了李冰和劳动人民的智慧，在世界水利工程史上也是罕见的奇迹。

李冰和他的儿子二郎首先对岷江的两岸的地势进行了实地考察，仔细地记录了水情。根据具体情况，制定了治理岷江的合理方案，开始了都江堰工程。他先是在岷江的上游打开了一个20米宽的口子，叫它"宝瓶口"，形

李冰父子塑像

状就好像是大石堆，这就是后人称作的"离堆"。在江心，采取了构筑分水堰的办法，把江水分作两支，强迫其中的一支流进宝瓶口。为了实现在江心的建筑，他另辟新路，吩咐竹工们编成长三丈、宽二尺的大竹笼，装满鹅卵石，然后一个一个地沉入江底，终于战胜了急流的江水，筑成了分水大堤。这样，岷江汹涌而来的江水被分成东西两股。西面的叫作外江，是岷江的正流；东面的一股叫作内江，是灌溉渠系的总干渠。渠道的头上就是宝瓶口，在经过这个地方的时候再分成许多河道，组成一个纵横交错的扇形水网，灌溉成都平原的千里农田。灌溉面积达20多万公顷（300多万亩）。飞沙堰

都江堰渠首系统的三大工程之——宝瓶口

宝瓶口是开凿玉垒山建成的内江引水口，控制内江进水量。从玉垒山截断的部分称为离堆。宝瓶口是都江堰的咽喉工程，上接内江，下辟走马河、蒲阳河、柏条河等，引水灌溉着富饶美丽的川西平原。

高度适中，具有分洪和减少宝瓶口泥沙的功用。从此以后，岷江水开始为民所用。以后，他又多次对都江堰进行改进，彻底保证了都江堰对水患的遏制作用。

李冰在治水的过程中，排除了种种迷信的阻挠，坚决用科学的方法来治理水患，而且他成功地解决了秦王的亲戚华阳侯的嫉妒以及制造的一系列的谣言和中伤事件，及时地处理了工程当中的问题和紧急状况。但是华阳侯的险恶用心还是让李冰受到了革职的处罚。温柔娴静的李夫人甘当人质，为李冰赢得了宝贵的治水的机会，工程才取得了最后成功。百姓们对李冰感恩戴德，但李夫人却病死在咸阳。以后，他又多次对都江堰进行改进，保证了都江堰对水患的遏制作用。

名 人 轶 事

李冰是如何凿开岩石的

在没有重型机具、没有炸药的战国时代，李冰如何凿开那些巨石，过去一直是个谜。后来人们才发现，他是以烈火焚烧岩山（用当地的树木生火），然后迅速在炽热的岩石上，浇上冷水，等坚硬的砾石裂开后，便让工人以铁器敲挖。如此反复进行，便能将多余的岩山切断。李冰的灵感，据说来自江边一群生着火玩的孩童。孩童们临走的时候，用江水把树枝火堆浇熄了。这个举动触发了李冰用火烧岩山的念头！要知在当时，用人力去对付巨大而坚硬的砾石，可是天方夜谭呢！

除了都江堰，李冰在蜀郡还兴建了许多有益于民的水利工程，他在成都市建了7座桥，修了石犀溪，对沫水（又名青衣水）进行了治理。他组织百姓开凿河心中的山岩，整理水道，便利了航行。李冰还对管江、汶井江、洛水进行过疏导，又引水到资中一带灌溉稻田。李冰还在蜀郡修筑桥梁，在广都主持开凿了盐井，为开发成都平原、发展农业生产作出了重大贡献。

成都平原能够如此富饶，被人们称为"天府"乐土，从根本上说，是李冰创建都江堰的结果。所以《史记》说：都江堰建成，使成都平原"水旱从人，不知饥馑，时无荒年，天下谓之'天府'也"。

李冰作为第一个治理都江堰的人，筚路蓝缕，功不可没，千百年来一直受到四川人民的崇敬，被尊称为"川主"，在许多地方修有"川主祠"，来表达对他的怀念。

姓　　名：张衡，字平子
生卒年：78 ～ 139
祖　　籍：南阳（今河南南阳）
性　　格：公正廉洁、勤奋好学、勇于创造
家　　庭：出身于官僚家庭

张 衡

东汉文化巨人

张衡塑像

　　公元 78 年，张衡出生于一个官僚家庭。他从小熟读儒家经典，十六七岁时就开始到外地游学，"游于三辅，因入京师，观太学，遂通五经，贯六艺"，终成一代文化伟人。

　　张衡一生为官清廉公正，不与权奸同流合污，所以仕途并不顺利。他曾因上书建议裁抑宦官权臣，而遭到奸佞联合弹劾，被贬为河间太守。111 年，张衡被调回京师担任尚书一职，他因此接触到更多的黑暗与腐败，对社会深感悲愤与失望。于是，他专心致志，从事科学研究，取得了累累硕果。

　　张衡最杰出的成就是在天文方面，他继承和发展了浑天说，撰写了两部重要的天文学著作《灵宪》和《浑天仪图注》，在论著中他首次提出宇宙无限的观点，阐述了天地的形成、结构和日月星辰的运动本质，对月亮的盈缺和月食作出了科学的解释。117 年，张衡根据浑天学说制成了世界上最早使用水力转动的浑天仪。张衡创制的浑天仪是世界上第一架能够比较准确地观测天象的浑天仪，是划时代的伟大创造，推动了中国天文事业的发展。1092 年，苏颂和韩公廉在他的启发下，创制了世界上最早的天文钟，这是中国古代最雄伟、最复杂的水运仪象台。

　　在地震学上，张衡发明了世界第一台地震仪——候风地动仪，这是张衡在浑天仪之外的另一个不朽的创造。地动仪全由青铜铸成，像一个大酒坛。周围铸有 8 条龙，头下尾上，按照东、南、西、北、东南、东北、西南、西北的方向排列着。龙头和仪器内部的机关相连，每条龙嘴里都含着一颗铜球。8个龙头下，蹲着8只张着嘴的铜蟾蜍。地动仪内部有一根大铜柱，叫作都柱，都柱上粗下细，能够摇摆。都柱旁有8条通道，通道内安有机关，叫作牙机。一旦发生地震，都柱就会向地震的方向倾斜，触动通道中的牙机，而那个方向的龙头，就会张开嘴巴，吐出铜球，落在下面的蟾蜍嘴中，发出声响。据此，人们就可以知道地震的时间和方位。138年，张衡利用地动仪准确测出发生在距洛阳千里外甘南地区发生的地震，证实了地动仪的科学性。

地动仪（模型）

张衡的地动仪，在当时是一项遥遥领先于世界的伟大发明，直到1700年后，欧洲才制造出原理基本相似的地震仪器。

在气象领域，张衡还发明了类似国外的风信鸡的气象仪器——候风仪，比西方的风信鸡要早1000多年。

除了天文，张衡在很多领域都颇有建树，他发明过指南车、会飞的木雕、水力推动的活动日历等机械仪器；写过一部数学专著《算罔论》，还计算出圆周率是3.1622，在1800年前，能有这样精密的计算，着实让人惊叹；张衡还研究过地理学，他绘制的地图流传了几百年；他还是东汉六大画家之一；在文学领域，他创作的《二京赋》把汉赋推向了一个高峰，被誉为"长编之极轨"，在中国文学史上占有重要地位。他写的抒情小赋《温泉赋》、《归田赋》等极富文采；新体七言诗《四愁诗》，也是脍炙人口的传世之作。

中国科学院第一任院长郭沫若先生评价张衡："如此全面发展之人物，在世界史中亦所罕见。""万祀千龄，令人敬仰。"

名　人　轶　事

张衡的天平

阎罗王知道张衡很有智慧，就问张衡有没有方法甄别到地府来的官是清正还是贪鄙。

张衡就给了他一架特制的天平，天平一头的盘子极其巨大，另一头却很小。

"这天平怎么用？"阎罗王问。

张衡对阎罗王说："你把他的乌纱帽作为砝码放在小盘子上，他所管辖范围的老百姓就立即被摄入了另一头的大盘子里。如果放乌纱帽的一头比装百姓的那头重，那官一定是个坏官；反之，那官就比较好。"

张衡再三叮嘱阎罗王："在有官需要考核之前，请你自己千万别去动它！"

天平在阎罗王那里放了一晚。

第二天，阎罗王告诉张衡："你的天平不好，我已经下令拆掉了。"

张衡说："你认为它不好，肯定是你把自己的乌纱帽在上面试了一下。"

姓　名：蔡伦，字敬仲
生卒年：? ~ 121
祖　籍：东汉桂阳（今湖南郴州市）
性　格：严谨务实、生性秉正、机敏多才
家　庭：出身于农民家庭

蔡伦

造纸术的发明人

蔡伦发明的造纸术和火药、指南针、印刷术一起，是中国古代科技史上的四大发明，是中国人对世界文明的巨大贡献。蔡伦出生于农家，从小家境贫寒，为了生计，于东汉明帝永平末年入宫做了太监。进宫之后，蔡伦从小黄门做起，小心谨慎，不敢有半点马虎。到了汉和帝年间，蔡伦升任中常侍，参与国家机密大事。后来又加官尚方令，掌管宫廷手工作坊，监督御用品的制造。89年，蔡伦开始负责监管刀剑武器和其他器械的制造工作。蔡伦监督制造的器械，全都精工坚密，世人争相仿效。当然，他最杰出的贡献是发明了造纸术。

蔡伦像

进宫之前，蔡伦就对造纸感兴趣，曾经用破旧的废物糅合在一起，做过许多加工试验，虽然不是很成功，却对造纸用的材料有了很深的了解，为他后来成功改进造纸术奠定了基础。

他认真总结西汉以来用麻质纤维造纸的经验，经过长期的实验，对造纸的原料和造纸工艺都进行了改革，引发了书写材料的革命。他把树皮、麻头、破布和旧渔网等作为造纸的原料，不但扩大了原料的来源，还降低了造纸的成本；在传统流程的基础上，增加了用石灰进行碱液蒸煮的工序，使植物纤维分解速度加快、分解分布得更加均匀细致；经过切断、捣碎、沤煮、化浆、定型、风干等一整套工艺流程，纸张的质量大

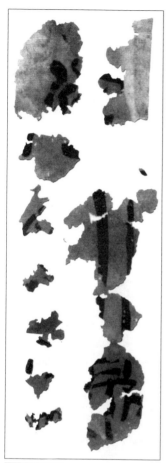
旱滩坡带字纸

大提高，书写起来极为方便。

　　105 年，蔡伦将他监造的优质纸张进献给汉和帝，因造纸有功，被封龙亭侯。之后，植物纤维造纸开始代替竹简、缣帛，成为广泛使用的书写材料，蔡伦也被后世奉为造纸祖师。

　　经过蔡伦改革之后，造纸业开始成为一个独立的手工行业，在全国各地发展起来。纸的推广使用，为保存文献、记载历史、交流思想、积累传播文化、促进科学技术的发展做出了巨大的贡献。后来，蔡伦的造纸术陆续传到朝鲜、越南、日本、阿拉伯以及非洲和欧洲，到 19 世纪，又传到澳洲，被世界普遍接受。

　　蔡伦不仅被中国的造纸工人奉为造纸鼻祖"纸神"，还被日本等国的造纸工人尊为祖师，历代奉祀。我国大部分的产纸地区，都有为祭祀蔡伦而建造的庙宇。每年的阴历三月十六日是蔡伦的祭祀纪念日。元朝政府曾经在他的故乡耒阳重修蔡伦庙，蔡伦的墓地陕西洋县也有他的祠庙。

　　蔡伦发明的纸和造纸术，具有划时代的伟大意义，为人类文明与进步作出了巨大的贡献。它充分显示了中华民族古老悠久的历史和灿烂辉煌的古代科技成就，是中华民族的骄傲。

名　人　轶　事

蔡侯祠与蔡伦纪念馆

　　为了纪念蔡伦，人们在其宅故基上修建了蔡侯祠。今天的蔡伦纪念馆就是在原蔡侯祠基础上建立的，1987 年正式开放展出。它由 4 个展室和有关蔡伦的文物等几部分组成，占地总面积 1.6 万平方米。

　　展室设在蔡侯祠内，展出内容包括蔡伦生平、蔡伦发明造纸、纸的发展和蔡伦遗迹 4 个部分。

　　纪念馆有关蔡伦的文物有：

　　蔡侯祠，原为蔡伦故宅，虽经风雨侵蚀，洪水泛漫，蔡侯祠历代有人修建，一直保存，今祠是清代重建。祠为砖木结构，分前、中、后三栋。

　　蔡子池，位于蔡侯祠前，长 180 米、宽 57 米，是当年蔡伦用来浸泡纸浆的池子。

　　蔡伦墓，位于蔡侯祠西南百余米处，1981 年重修，墓室高 2 米、长 4 米、宽 2 米余，外有圆形封土堆，墓碑为郭沫若先生手书。

姓　　名：祖冲之，字文远
生卒年：429～500
祖　　籍：范阳（今河北涞水县北）
性　　格：正直、严谨、勤奋好学、勇于实践
家　　庭：出身于官员家庭

通才科学家 祖冲之

　　429 年，祖冲之出生在建康（今南京）。祖冲之的祖籍是河北范阳，西晋末年迁居到江南。南朝刘宋王朝时，祖冲之做过徐州刺史刘子鸾的从事，后来又担任他府中的公府参军，刘子鸾被杀后，祖冲之被调到娄县去做了县令。刘宋孝武帝时，祖冲之曾在华林园学习，在这里，他进行了很多科学研究。南齐发生内乱时，祖冲之在给齐明帝的上书《安边论》中建议朝廷开垦荒地，发展农业，安定民生，巩固边防。齐明帝深受震动，并打算派祖冲之前往各地巡查，但还未成行时，祖冲之就去世了。

　　祖冲之一生对仕途并不热衷，他的主要兴趣在学问研究上，不论是自然科学、文学还是哲学，他都很喜欢，对数学、天文和机械制造尤其钟爱。在数学领域，祖冲之最光辉的

祖冲之像

成就是精确推算了圆周率，他推算出圆周率的值在 3.1415926 和 3.1415927 之间。它的"约率"为 22/7，"密率"为 355/113。这是当时世界上最精确的圆周率值。直到 1357 年，欧洲才有一个德国数学家推算出这个数值。所以，圆周率值也被称为"祖率"。他的数学专著《缀术》，影响极大，一直到唐朝还是官办学校必修的数学课程，考试题目也大多出自其中，可惜这部书到北宋中期竟然失传了。

在天文历法方面，祖冲之经过长期的观察研究，取得了一些创造性的成就。首先是改革闰法，中国历法采用阴阳合历，阴历与阳历年的时间并不相等，为改变这一现状，古人采用在阴历年置闰的方法解决，祖冲之时代，历法为17年9闰，并不准确。祖冲之通过研究，提出每391年应该有144个闰年，这种方法更为精确，也是最先进的。祖冲之还推算出岁差是每45年11个月

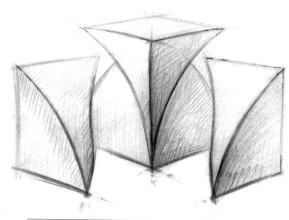

祖冲之儿子祖暅在开立圆术中设计的立体模型

后退1度，而且在制订历法时，使用了岁差理论，这在天文历法史上是一个创举。他根据自己的研究成果编制了当时最科学、最进步的历法——《大明历》，但是这部历法在祖冲之去世10年后才被正式使用。祖冲之还发明制造了水碓磨、指南车、欹器等，有的发明至今还被人们使用。在哲学领域，他曾著有《易义》、《老子义》，还注释过《论语》、《孝经》、《楚辞·九章》等。

祖冲之"搜炼古今"，但是绝不"虚推古人"。在吸取古籍

文献中精华的同时，他对前人的研究成果中的错误和不足也予以纠正补充。他坚持科学真理，成就斐然，成为后世科学家的光辉榜样。

祖冲之的辉煌成就，为他博得了极高的声誉，我国紫金山天文台发现的一颗小行星就是用他的名字命名的；法国巴黎科学博物馆"发现宫"的墙上列有世界著名科学家的名字，祖冲之的名字也在其中；俄罗斯莫斯科大学的大礼堂走廊上，有祖冲之的彩色塑像；祖冲之的名字还被用来命名月球上的环形山。

姓　名：毕昇，升星
生卒年：? ～ 1051（生活在北宋中期）
祖　籍：安徽徽州
性　格：聪明、勤奋
家　庭：出身于平民

毕昇

发明活字印刷术

　　毕昇发明的活字印刷术是印刷史上划时代的伟大创造，它不仅促进了中国文化事业的传播发展，而且也推动了世界各国各民族之间的科学文化的交流，为世界文化的发展做出了不可磨灭的贡献。北宋大科学家沈括的《梦溪笔谈》中比较完整地记录了毕昇创造活字印刷的事迹。

　　在毕昇发明活字印刷术之前，中国一直在使用雕版印刷术。雕版印刷虽然比用手抄写进步了许多，但是仍然极为不便。一部卷帙繁多的著作往往要雕刻几年，甚至更长的时间，而且雕版耗费原材料极多，又不能在印刷不同的著作时重复使用，还不易修改和存放。雕版印刷越来越不能适应科学文化迅速发展的需要，人们开始寻求一种更加简便的印刷方法。毕昇认真总结前人的经验，反复琢磨研究，先后试验过多种制作活字的材料。他曾经制成木活字，可是木头的纹理疏密不同，沾水之后，就会膨胀，使版面高低不平。木活字还容易被印刷用的蜡和松香等粘在一起，不便拿取，而且印刷次数一多，字的笔画就容易膨胀模糊。毕昇经过多次实验，不断改进，终于发明了胶泥活字印刷术，使印刷技术发生了重大突破。这种胶泥活字印刷术，比起以前的雕版印刷，制版迅速，印刷质量好，还可以重复多次使用，节约了大量的人力物

毕昇像

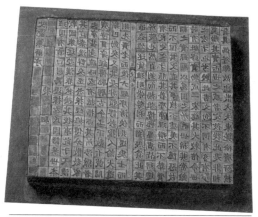

泥活字版模型

活字版的发明是印刷史上的伟大创举，它为人类提供了一种更为快速排印书籍的技术。自北宋毕昇发明泥活字版后，又出现木活字、锡活字、铜活字等。

力，加快了印刷周期，是印刷史上划时代的技术突破。

毕昇的伟大发明，虽然并没有引起当时政府和社会的重视，但是却开了后世一系列其他材料活字的先河。后来，元代的王祯用木活字进行印刷，那时还出现了锡活字。明朝时又出现了铜活字和铅活字。清代康熙年间，山东徐志定还用瓷活字印刷《周易说略》。这些活字都是在毕昇的胶泥活字印刷基础上进行的改进。

活字印刷术不仅推动了中国印刷事业的发展，还传往世界各地，在世界范围内产生了巨大的影响。公元13世纪，印刷术从中国传入日本、朝鲜、越南、菲律宾等地，并经过丝绸之路，向西经由波斯和阿拉伯，传入埃及和欧洲各国。欧洲在14世纪末年出现了雕版印刷，在此基础上，德国的谷登堡在1440年到1480年之间，发明了铅活字印刷，并制成了一种简单的印刷机械，开创了近代机械印刷的先河。但他发明的活字却比毕昇晚了400多年。

活字印刷术的发明，给人类文化知识的传播开辟了广阔的道路，对推动中国和世界文明的发展起了极大的作用，对中国乃至世界的历史产生了深刻巨大而且久远的影响。

名　人　轶　事

有心的毕昇

听说师兄毕昇发明了活字印刷，印刷效率一下子提高了几十倍，师弟们纷纷向师兄取经。

一位小师弟说："《大藏经》5000多卷，雕了13万块木板，一间屋子都装不下，花了多少年心血！如果用师兄的办法，几个月就能完成。师兄，你是怎么想出这个办法的？"

"是我的两个儿子教我的！"毕昇说。

"你儿子？"

"对！"毕昇笑着说，"去年清明前，我带着妻儿回乡祭祖。有一天，两个儿子玩过家家，用泥做成了锅、碗、桌、椅、猪、人，随心所欲地排来排去。我的眼前忽然一亮，当时我就想，我何不用泥刻成单字印章，不就可以随意排列，排成文章吗？"

师兄弟们听了大笑起来。

"但是为什么偏偏只有你发明了活字印刷呢？"还是那位小师弟问道。

好一会儿，师傅开口说："那是因为毕昇有心，他早就在琢磨提高工效的新方法了，冰冻三尺非一日之寒啊。"

姓　名：郭守敬，字若思
生卒年：1231～1316
祖　籍：顺德邢台（今属河北省）
性　格：聪颖、执着、勤奋
家　庭：出身于书香门第

郭守敬

大元科学第一人

郭守敬像

　　郭守敬的祖父是金元之际学者，精通五经，熟知天文历算，擅长水利工程。在祖父熏陶下，郭守敬从小就对科学有着浓厚的兴趣。郭守敬是 13 世纪世界上有突出成就和发明创造最多的科学家之一，他不仅在天文、历算和水利工程方面成绩卓著，在地理、数学和机械工程方面也有重要的贡献。他的名字被国际天文学会用来命名月球上的一座环形山，所以，著名科学家茅以升说：“郭守敬不仅在地上闻名，而且还在天上闻名。”

　　1276 年，元世祖灭南宋迁都大都后，决定改旧历，颁行元代自己的历法，郭守敬参加了修订新历的工作。在准备工作中，郭守敬重新创制一套精密的仪器，他改进了圭表，解决了观测困难，减少了观测结果的误差。他还改变了浑天仪的基本结构，比原来的浑天仪简单且实用，所以叫作简仪。它可以同时测量天体的地平方位和高度。他创造的简仪等天文仪器比西方类似的发明早了几个世纪，不仅在当时是最先进的，而且一直沿用到明清时期，对中国天文历法的发展做出了卓越的贡献。郭守敬用他创造的简仪对黄道和赤道交角、黄道和二十八宿的距度进行了精密测定，这两项观测成果，对编订新历有重大的意义。

　　1278 年，郭守敬在大都设计建造了太史院和观天台，还主持了东起朝鲜半岛，西至四川、云南和河西走廊，南及南中国海，北尽西伯利亚，南北跨度 5000 多公里，东西行程 2500 多公里的大规模的“四海测量”活动。郭守敬精密的天文测量，为创定新历提供了精确的天文实测数据。1281 年，《授时历》在全国颁行。《授时历》所定一年周期为

365.2425 天，与现行公历几乎相同，但却比西方现行的公历早了几百年。《授时历》一直使用到明朝末年，还东传到日本和朝鲜。

在水利方面，郭守敬也取得了很大的成就。1260年，郭守敬帮助大名路长官张文谦到各地勘测地形，筹划水利工程。1262年，经张文谦推荐，郭守敬向元世祖忽必烈提出了6条水利方面的建议，被元世祖任命为提举诸路河渠，后来又提升为银符副河渠使。1264年，郭守敬在西夏修复水利工程，9万多公顷的良田得到了灌溉。完成修渠工程后，郭守敬又去探求黄河的发源地，是中国历史上第一个以科学考察为目的，探求黄河源头的人。为了解决大都的粮食供应，沟通南方与北方的经济交流，元世祖决定疏通淤塞已久的大运河，并开凿从天津到大都

浑仪
原由郭守敬设计制造，明代仿制，现在南京紫金山天文台。

的水上通道，由郭守敬负责设计督修。1291年，郭守敬提出把昌平神山（今凤凰山）的白浮泉水引入瓮山泊（今昆明湖的前身），并沿途拦截所有从西向东流入清河、沙河的泉水，汇合到积水潭，作为运河的水源。1292年8月的一天，在郭守敬的主持下，开河工程正式动工了。1293年秋天，这条从神山一直到通州高丽庄，全程80多公里的运河工程全部竣工。

郭守敬设计主持的水利工程，促进了南北航运，改善了农业灌溉，不仅在当时起了促进生产贸易的作用，而且惠及后世。特别是通惠河的开通，使京杭大运河畅通无阻，大大加强了南北物资的交流。当时的大都城商船云集，成为当时世界上最繁华的大都市。他的水利设计的先进思想和措施，对后人也有很大的启发。

名 人 轶 事

郭守敬纪念馆

郭守敬纪念馆在西海北沿汇通祠内，1988年10月建成开馆。汇通祠始建于元代，最初名镇水观音庵，郭守敬曾长期在此主持全国水系的水利建设设计，乾隆年间重修，改名汇通祠。1986年复建。纪念馆分三个展厅，展示了我国元代天文学家和水利学家郭守敬的生平功绩。

该建筑造型得体，格调素雅，步入园中，小径曲折蜿蜒，假山错落有致，登高可见清水悠悠，小桥卧波，林荫掩映，景致十分优美。

姓　　名：字东璧，号濒湖
生卒年：1518～1593
祖　　籍：蕲州（今湖北蕲春县西南）
性　　格：执着刻苦、坚韧不拔
家　　庭：出身于中医世家

李时珍

身如逆行船，心比铁石坚

李时珍出身于中医世家，从小受父辈影响，对医药学产生了浓厚的兴趣。尽管父亲要他考取功名，但在3次参加乡试未中的情况下，李时珍毅然决定放弃八股科举之事，从此专心研究祖国传统医药学。

李时珍天资聪颖，学习刻苦。在父亲的悉心教导之下，他25岁时就开始正式行医，同时潜心研读医学名著以及古代的药物学著作。李时珍高尚的医德和高超的医术深得当地老百姓的称赞。镇守武昌的明朝宗室楚王听说他在医学领域造诣颇深，便邀其到府中掌管"良医所"。后来，经楚王推荐李时珍进入京师太医院。

随着临床经验的日渐丰富和药学知识的不断积累，李时珍越来越深刻地认识到旧的本草经典不是错漏百出，就是陈旧过时，已经不能满足临床需要了。他认为重修本草典籍的工作已成当务之急。于是，李时珍在太医院只待了一年，就辞职回乡，开始专心致志地编写医学巨典《本草纲目》。

《本草纲目》的编写，从1552年开始，到1578年完成，前后历时27年。为了保证这部医药巨典内容的全面性、准确性和权威性，李时珍一方面花费10余年时间查阅了医药文献800多种，总结前人经验；另一方面他到各地进行实地

李时珍像
英国的李约瑟在《中国科学技术史》中说：李时珍在药物学方面的成就达到了与伽利略、维萨里的科学活动同样高的水平。

《本草纲目》书影

考察，足迹踏遍两湖、两广、安徽、河北、江西、江苏等地，采集珍贵的药物标本，向当地药农、樵夫、猎户甚至是贩夫走卒请教，积累了大量的第一手资料。在拥有翔实资料的基础上，李时珍又用了将近10年的时间分析整理，厘定纲目，三易其稿，最终写出了旷世巨著《本草纲目》。

《本草纲目》全书共52卷，收载药物1892种，附有1160多幅插图，以及11000多个药方。李时珍把收录的药物分成16部60类，他把草部的药材按照生长环境分为山草类、水草类、湿草类、石草类等，还按照植物的形态特点和所含的化学成分来进行分类。他创造的药物分类方法是当时世界上最先进的，比西方植物分类学早了近100年。李时珍对书中收录的每种药物都从释名、集解、修治、气味、主治、发明、正误、附方等8个方面加以解说，并把大部分药物配上精细准确的插图。这对人们识别、使用药物，有一定的科学价值。《本草纲目》收录的药方中，有8100多个药方是李时珍亲自收集的。这些药方既有古代医学典籍中收录的"经方"，又有金元以后的医药著作中记载的"时方"；既有临床效果极佳的"验方"，又有民间广泛流传的"单方"。至今仍有一些中成药，是根据这些药方制造的。

名 人 轶 事

不图虚名的李时珍

李时珍在楚王府中掌管"良医所"没过几年，就又被推荐到北京的太医院任职，去做"太医院判"。开始李时珍以为这是将医药学发扬光大的机会，但不久他就发现封建统治者一心只想制炼仙丹，求长生不老，根本无心发展医药事业。而太医院的同行们大多只知道讨好皇家，不求真才实学。李时珍觉得长此以往，自己多年来把医药学发扬光大的理想就要成为泡影，于是托病辞职，回故乡行医。

《本草纲目》不仅改进了我国传统的本草学，系统地总结整理了医药学发展的新成就，堪称我国古代最完备的本草学著作，而且在化学和矿物学方面也做出了卓越的贡献。它收录的矿物药材有100多种，其中关于黑辰砂中含汞较多的记载具有很高的经济价值，这在世界上还是第一次。

1578年，《本草纲目》编写完成，1590年着手刻印。1593年，就在《本草纲目》即将刻成之时，李时珍与世长辞。

李时珍是一位伟大的医药学家，《本草纲目》是他留给后人的最珍贵的遗产。它对于后世本草学和方剂学的发展起到了很大的影响作用，对于中国乃至世界的影响都是难以估量的。

姓　名：杨振宁
生卒年：1922 ～
祖　籍：安徽凤阳
性　格：勤于实践、善于思考
家　庭：父亲是清华大学数学系主任

杨振宁

杰出的物理学家

杨振宁是当代著名物理学家，出生在安徽合肥。1929年，他的父亲杨武之到清华大学教书，他随父母搬到清华园居住。

杨振宁在成志学校读小学，常受到老师的夸奖。回到家里，他做完功课，就去翻看父亲书架上的书。里面有许多英文和德文的数学书，他觉得很有意思，经常就书里的问题向父亲请教。久而久之，父亲发现他具有超常的数学天赋，

世界著名理论物理学家杨振宁教授

就加以引导和培养。小振宁性子急，有的时候遇到一些难度较大的问题，怎么也搞不懂，显出一副急不可耐的样子。这时，父亲杨武之总是和声细语地安慰他："慢慢来，不要着急，以后我们的振宁长大了就读得懂了，说不定还能写出更好的数学书来呢。"

听了父亲的话，杨振宁心里才轻松了些，读书时也更有耐性了。有一次，他看了艾迪顿写的《神秘的宇宙》。这本书里讲的是从 19 世纪末到 20 世纪初新发现的一些物理学现象与理论。那些神秘的物理现象激发了他极大的兴趣，他特别羡慕那些获得诺贝尔

奖的大科学家。那段时间，他不止一次对父亲说："我长大了一定要得诺贝尔奖。"父亲听了儿子的话，倍感欣慰，但没有督促小振宁仅仅努力学习数学方面的知识，而是教导他要全面发展。那时候，他经常告诉小振宁多学些传统文化知识。

暑假期间，父亲杨武之请雷海宗教授介绍一位历史系的学生教小振宁《孟子》。雷先生推荐了自己的得意门生丁则良。丁则良不仅使杨振宁在中学时代就对《孟子》有了较深的理解，还教给他许多书上没有的历史知识。《孟子》中丰富的哲学思想对杨振宁的成长起到了积极的作用。

1937 年，北平被日军攻陷。杨振宁跟着他的父母离开清华园，经历了无数的艰辛，辗转来到了云南昆明。杨振宁在昆明中学读书，读了半年高二，没有读高三就以优异的成绩考入西南联合大学。在此期间，父亲杨武之经常同他讨论一些数学问题。他初步接触到了近代数学的某些常识，从而对近代数学产生了浓厚的兴趣。

1942 年，杨振宁从西南联大物理系毕业，进入清华研究院读硕士。在西南联大研究生院的学习，为他奠定了坚实的研究基础。第二年秋，杨振宁参加了庚款留美考试。1944 年春，庚款留美考试成绩公布，杨振宁成为全国物理专业唯一被录取的留美生，不久前往美国芝加哥大学，攻读博士学位。

初到美国时，他深深地感到自己对实验接触得太少，动手能力太差，因此迫切地想改变这一状况。当时，杨振宁的最大愿望就是撰写一篇实验论文，于是找到艾里逊教授，要求在他的实验室做研究工作。艾里逊教授应允了，交给他的课题是制造一套 40 万伏的加速器，在当时这是相当大的加速器。杨振宁在实验室中没日没夜地工作了 18 个月，尝尽了做实验的艰辛。尽管费了很大的力气，他发现自己的动手能力还是不行，以至于当时实验室里流传一个笑话：凡是有爆炸的地方，一定有杨振宁。此时的杨振宁感到进退两难，继续做下去吧，不会有什么结果；就此罢手吧，会半途而废。

就在杨振宁一筹莫展的时候，泰勒教授主动找到他，说："你的实验是不是很糟糕？其实，你不必坚持非得写好一篇实验论文。你已经写了一篇很不错的理论论文，就用这篇论文作为博士毕业论文吧，我可以做你的导师。"杨振宁听了泰勒教授的话先是感到很失落，觉得很没面子，但仔细考虑了两天后，决定接受他的建议。这个抉择注定了他将会成为一个理论物理学家而非实验物理学家。后来，他在理论物理研究领域收获了丰硕的成果。

经济名人

JINGJIMINGREN

生卒年：1723～1790
国　　籍：英国
出生地：苏格兰的克科第城
性　　格：睿智、严谨、平易近人
家　　庭：出身于平民家庭。父亲为海关职员

亚当·斯密

现代经济学理论之父

亚当·斯密是18世纪英国著名的经济学家和哲学家，以《国富论》著称于世。从1748年起，他成了爱丁堡文人圈中的一员，其他的成员包括大卫·休谟，日记作家詹姆斯·鲍斯韦尔以及工程师詹姆斯·瓦特。

据说亚当·斯密4岁时，曾被一个卖艺的女人拐走，多亏被母亲从森林中及时追回。他14岁时考入了格拉斯哥大学，攻读数学和自然哲学，因为成绩优良，在1740年被学校免费保送到牛津大学继续深造。他在牛津大学期间结识了英国当时著名的哲学家、历史学家和经济学家大卫·休谟，并与休谟建立了深厚的友谊。1746年，斯密毕业，但因为没有找到工作，就回到了家乡。

1751年，斯密任格拉斯哥大学教授，讲授逻辑学和道德哲学。在这一时期，他的经济思想开始发展。1759年，他的《道德情操论》出版，该书试图证明道德裁判的原因，或者说证明人们的某些行为在道德上被允许或不允许的原因。斯密把人比作一个利己的动物，然而他们似乎并非基于自私自利的考虑来评判道德。该书使斯密名噪一时。1764年，斯密辞去了格拉斯哥大学的教授职务，改任一位青年贵族贝克莱公爵的私人教师，他陪同贝克莱公爵在欧洲旅行，结识了许多著名的学者，如法国启蒙学派的著名思想家伏尔泰、重农学派的领袖人物魁奈等，在这一时期，斯密的代表作《国民财富的性质和原因的研究》（《国富论》）的体系逐渐形成。

1767年，斯密返回故乡，闭门钻研，终于在1776年出版了当代经济学的开山之作

18世纪的英国一家纺织厂，女工们正在夜以继日地工作。亚当·斯密在《国富论》中指出，在分工已经进展得很远的社会里，工人智力下降，与农民敏捷的智力相比，专业化的工人"一般变得愚蠢和无知，就像人类可能变成的那样"。

《国富论》，该书以利己主义为出发点，研究经济增长的源泉和动力问题，并系统地阐述了经济自由的思想，也正是在这本书里，斯密论述了他著名的"看不见的手"思想。这本著作共分为五篇，第一篇强调分工的发展是国民财富增长的重要途径，以及分工后产生的工资、利润、地租问题；第二篇论述资本的性质、构成、积累及使用。前两篇构成了斯密经济学原理的基本部分，后三篇考察了促进国民财富增长的间接途径，他从历史的角度出发，分别论述了不同的经济政策、经济学说和财政制度对增进国民财富的关系。《国富论》出版后，引起了极大的轰动，并迅速传遍了欧洲大陆。

1778年，斯密被任命为苏格兰海关税务司司长，1787年，任母校格拉斯哥大学校长。他一生未婚，于1790年病逝，享年67岁。

18世纪60年代，工业革命开始于英国，这场空前规模的技术革命，使英国先后建成了纺织、钢铁、煤炭、机器制造和交通运输五大工业部门，到19世纪50年代取得了世界工业和贸易的垄断地位。

生卒年：1839 ～ 1937
国　籍：美国
出生地：美国的纽约州
性　格：才华卓越、性格坚强、敢作敢为、慷慨大方
家　庭：出身于平民家庭。父亲是一位药品商人

洛克菲勒

以气魄创造财富神话

约翰·D·洛克菲勒，美国人民心目中有史以来第一位亿万富翁。他1839年出生于纽约州。1855年9月，洛克菲勒高中毕业，之后就在俄亥俄州的一家干货店当职员，每星期赚5美元。这份工作薪水微薄，但对年仅16岁的洛克菲勒意义重大。此后他一生都把9月26日当作"就业日"来庆祝，其热情胜过自己的生日。

洛克菲勒从19岁时开始下海经商，倒卖谷物和肉类。他把每一笔收支都记录在册，甚至不漏掉一个便士的慈善捐款。不久，洛克菲勒从父亲那里贷款1000美元，同好友克拉克合伙开办了克拉克—洛克菲勒公司，主要经营农产品。南北战争期间，由于战争的需求，农产品贸易获利丰厚。1862年，公司的年利润达到1.7万美元。内战结束初期，百废待兴，给洛克菲勒带来了无限机遇。1863年，洛克菲勒动员克拉克出资4000美元与炼油专家塞缪尔·安德鲁斯合作成立安德鲁斯—克拉克石油公司。

该公司很快发展成为当地最大的炼油厂。

约翰·D·洛克菲勒像
用所积累的巨额财富造福人类，我视这一点为己任。
——约翰·D·洛克菲勒

1865 年 2 月，洛克菲勒以 7.25 万美元买下合伙人克拉克的股份，将公司更名为"洛克菲勒—安德鲁斯公司"。后来该公司又经历了散伙、新合伙人加入，以及与铁路公司的秘密运费折扣等风波。洛克菲勒在 1870 年成立了标准石油公司，资产 100 万美元。洛克菲勒放言："总有一天，所有的炼油和制桶业务都要归标准石油公司。"该公司果然进展神速，

在美国商业空前发展的 20 年里，约翰·D·洛克菲勒和他的标准石油公司曾一度控制了国内石油贸易的 85% 和美国全部出口的 90%。漫画家将标准石油公司画成一只多触角的章鱼，形象地说明了这一点。

他曾在一个多月的时间里就吞并了 26 个竞争对手中的 22 个，之后大肆收购费城和匹兹堡的炼油厂。1875 年，他在巴尔的摩收购战中大获全胜，如愿以偿成为全美炼油业唯一的主人，垄断全球煤油市场。

此时，洛克菲勒已不满足储蓄式的创富速度。1882 年，他开创了史无前例的联合事业——托拉斯。这个结构使标准石油公司很快成为全世界最大的石油集团企业。洛克菲勒成了蜚声海内外的"石油大王"。1890 年，洛克菲勒吞并了联合石油公司及其他 3 家大型石油生产公司，控制了宾州和西弗吉尼亚州 30 万英亩的土地。数年之后，标准石油公司在美国原油产量中的份额达到 33%。

随着财富的增加，洛克菲勒开始考虑财富的分配。他通过创立芝加哥大学确定了今后作为慈善家的工作方式，但他并不喜欢招摇过市。1897 年，芝大校长哈伯说服洛克菲勒参加该校 5 周年校庆。第二天，洛克菲勒骑自行车参观校园。每到一处，学生们都向他齐声唱道："约翰·D·洛克菲勒，他是一个了不起的人／把余财全部献给了芝加哥大学。"学生们的爱戴使这个年近花甲的老人心满意足。此后，洛克菲勒专注于慈善事业。他旗下的洛克菲勒基金会在海内外大规模投资。

然而，随着标准石油公司垄断的加剧，不断遭遇外界的批评和诉讼。1892 年 3 月，俄亥俄州高级法院裁定标准石油公司必须放弃托拉斯协议，洛克菲勒主持重组大会，宣布解散托拉斯。5 年后，洛克菲勒离开了这个耗费他 30 年心血的石油帝国，只在名义上保留着新泽西石油公司总裁的头衔。1911 年，美国最高法院作出解散标准石油公司的裁决，要求它在 6 个月内与子公司脱钩，并永远禁止公司领导人重组垄断组织。

1937 年 5 月 23 日，约翰·D·洛克菲勒因心脏病突然发作，与世长辞，享年 98 岁。

生卒年：1863 ~ 1947
国　籍：美国
出生地：美国密歇根州
性　格：坚毅果断、特立独行
家　庭：出身于农场主家庭

福 特

从机械工人到汽车大王

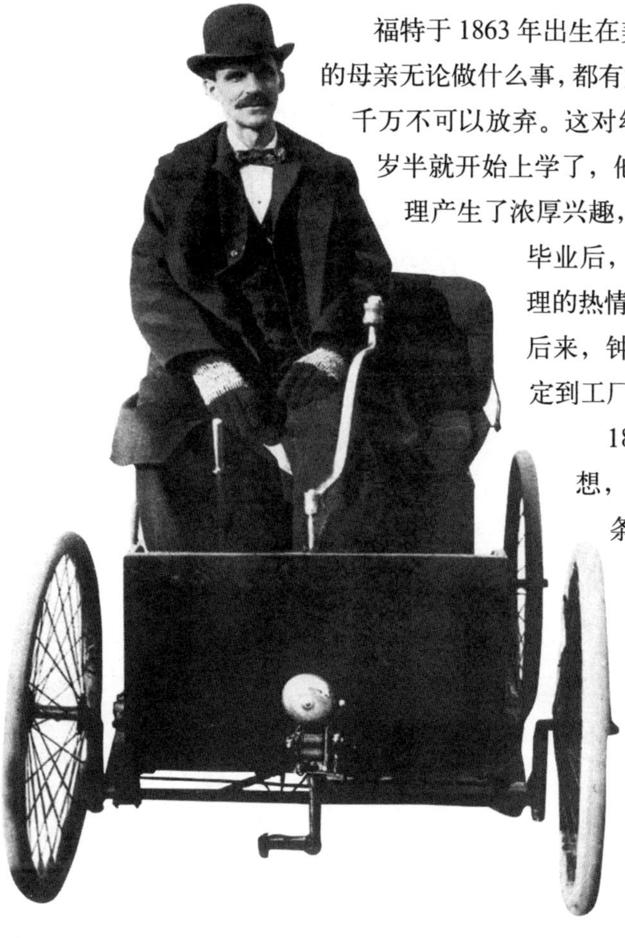

福特于 1863 年出生在美国密歇根州的一个农场主家庭。福特的母亲无论做什么事，都有始有终。她经常说，一旦决定要做的事，千万不可以放弃。这对幼年的福特产生了很大的影响。福特 5 岁半就开始上学了，他读书并不勤奋，很贪玩，却对钟表修理产生了浓厚兴趣，而且还经常免费为同学们修表。小学毕业后，福特回家帮父亲干农活，但对钟表修理的热情不减，常常是白天干农活，晚上修表。后来，钟表已经不能满足他的好奇心了，他决定到工厂做工，成为一个出色的机械工程师。

1880 年，福特为了实现自己的人生理想，在给父母留下一张表明自己决心的便条之后，离家出走，独自一人来到底特律市闯天下。几经周折，他在密歇根汽车制造公司找到一份修理工的差事。由于他头脑灵活而且肯上进，很快成为技术骨干。不久，福特在

亨利·福特像

我好像发现了宇宙的轮廓。时间不再有极限，我不再是钟表指针的奴隶，我有充足的时间去计划、去创造。

——亨利·福特

报纸上了解到卡尔·本茨发明汽车的情况，这引起他强烈的兴趣。卡尔·本茨汽车用的是气体燃料，但福特认为液体燃料比气体燃料更容易贮存和运输，因而更适合作为汽车的燃料。于是他开始着手改进汽车的引擎。时隔不久，他造出了一部汽油引擎的汽车。但这部汽车在发动的时候频繁熄火。他几经分析，发现问题出在点火系统上，认为只要采用电打火问题就

1893 年，亨利·福特生产了第一辆汽油驱动的汽车，生产过程相当艰难，银行拒绝为这项疯狂的计划贷款。但他仍然设法筹集了 2.8 万美元，售出了 1700 辆双汽缸、八马力、带链条驱动的汽车。1909 年，福特碰巧看到了一种进口的钢合金，后来他将这种材料用于第一辆 T 型汽车的车身，售价 850 美元。

会迎刃而解。可自己对电气知识缺乏最基本的了解。为此，他加入底特律的爱迪生电气公司，边工作边学习电气知识。1893 年春天，福特成功研制出第一辆性能稳定的汽油引擎汽车。

1899 年，底特律汽车公司宣布成立。福特以专利权入股，担任了该公司的经理兼首席技师。但由于股东之间的意见分歧严重，他不久就退出这个公司。福特自己制造的汽车参加赛车比赛屡屡夺冠，吸引了投资人的注意。1903 年 6 月，福特创办了以自己的姓氏命名的汽车公司。该公司是在一家小型机器厂的基础上改建的，他除了制造汽车以外还进行赛车的改进和汽车的维修。不久，该公司制造出被命名为 A 型车的新产品，销路很好。之后，公司又推出 N 型、K 型和 S 型车。

名　人　轶　事

福特车标的由来

　　1903 年，亨利·福特创建福特汽车公司。福特生前十分喜爱动物，他在工作之余，经常读有关动物的书籍和报纸，有时还访问动物专家，目的是选定美观优雅的车标。1911 年，商标设计者为了迎合亨利·福特的嗜好，就将英文单词"Ford"设计成为形似奔跑的白兔形象，作为福特汽车的图标。至今，福特汽车公司的商标还是被艺术化了的蓝底白字的英文"Ford"字样。该商标形似活泼可爱、充满活力而又美观大方的小白兔在温馨的大自然中向前飞奔，象征着福特汽车奔驰在世界各地。

福特的 T 型 1914 款

1914 年以后，福特汽车公司的 T 型汽车已降到 350 美元，同时福特汽车已产生了 100 多万辆 T 型轿车。同年推出的双座敞蓬 T 型轿车，以其坚韧、美观的车身而赢得了人们的喜爱。

福特公司的目标从一开始就非常远大："生产大量的汽车，足供每个家庭使用，人人都能驾驶和修理……而且价格要低得凡是中等收入的人都能买一辆……" 1908 年，福特公司成功制造出世界上第一辆家庭型汽车——T 型车，使汽车普及到普通家庭成为可能，引起了世界汽车工业史上的划时代革命。1913 年，福特开发出世界上第一条总装流水线，93 分钟就可组装一辆汽车。福特公司到 1925 年 10 月的时候，平均每 10 秒就造出一辆车，每天能生产出 9109 辆汽车，创下了历史纪录。

福特在不断改进汽车制造技术的同时，还特别注重企业经营策略的进步和完善，如提高工人福利、大力提拔有贡献的技术工人、给予工人发言权、出奇制胜的营销措施等。这些措施不但激发了员工的生产潜能，还大幅降低了生产成本，提高了利润率。1914 年 1 月，福特宣布实行 5 美元工作制，这是当时美国平均工资的两倍，而福特公司以不足 1.3 万名职工生产了 73 万辆汽车，获利 3000 万美元。福特公司成为世界上最大的汽车公司，人们把福特誉为"给世界装上轮子的人"。

1947 年 4 月，福特在迪尔伯恩去世，享年 84 岁。由于他对汽车工业发展所做出的杰出贡献，半个世纪后被《财富》杂志评为"20 世纪商业巨人"。福特将人类社会带入汽车时代，是名副其实的"汽车大王"。

生卒年：1890 ～ 1980
国　籍：美国
出生地：美国印地安纳州亨利维尔
性　格：顽强拼搏、老当益壮
家　庭：出身于农民家庭

哈兰·山德士

肯德基的创始人

哈兰·山德士 1890 年出生于美国印地安纳州亨利维尔的一个农庄，家境很一般。他 6 岁那年父亲去世，不久母亲改嫁。山德士和继父的关系不好，家里的空气憋闷无比，山德士决定换个环境。他先是来到格林伍德的一家农场做工，此后他又做过粉刷工、消防员、保险推销员等工作，但都没有多大起色。

40 岁的时候，哈兰·山德士来到肯塔基州，开了一家加油站，兼营炸鸡。这就是闻名于世的肯德基炸鸡的雏形，由于味道鲜美、口味独特，客人们交口称赞。后来炸鸡生意超过了加油站，于是山德士在马路对面开了一家山德士餐厅专营炸鸡。以后的几年，他边经营边研究炸鸡的特殊配料（含 11 种药草和香料，使炸成的鸡表皮形成一层薄薄的、似乎未烘透的壳，鸡肉湿润而鲜美）。至今，这种配方还在使用，但调料已增至 40 种。而这就是肯德基炸鸡最重要的秘密武器。

到 1935 年，山德士的炸鸡已闻名遐迩。肯塔基

山德士一身白色西装，满头的白发和山羊胡子的典型形象，早已深入人心，成为肯德基国际品牌的最佳象征。

1897年年仅7岁的哈兰·山德士已经掌握20种地方菜肴的烹制。

1930年哈兰·山德士研制成了有11种调料的炸鸡配方。

1939年哈兰·山德士的餐厅生意兴隆，他炸出的美味吮指炸鸡吸引了大量的顾客。为表彰他在餐饮业上的突出贡献，肯塔基州州长特别授予他上校的荣誉称号。

州州长鲁比·拉丰为感谢他对该州饮食作的特殊贡献，正式授予他上校的荣誉称号。随着生意蒸蒸日上，他又在饭店旁建了一座汽车旅馆。为很好地解决以后面对的饭店管理问题，他专门到康乃尔大学学习旅店管理课程。随着山德士餐厅的名声越来越大，炸鸡供不应求。1939年，山德士发明了一种独特的炸鸡方法，大大缩短了炸好一只鸡所用的时间。他用压力锅炸出更加美味的炸鸡，至今肯德基炸鸡仍使用这种妙法。时间短、味道好的炸鸡使山德士的生意更加红火。

后来，肯塔基州政府最后确定并向大众公布了新建跨州公路的计划，山德士餐厅所在地被征用。这一下子打乱了山德士所有的计划，他的雄心和热情降到冰点。他变卖资产以偿还债务，而所得的款项只相当于公路通车前总资产的一半。为了偿清债务，他用光所有积蓄，从人人尊敬的富翁变成了一文不名的穷人。这时的哈兰·山德士已经66岁，所能依靠的只有每月105美元的救济金。

但哈兰·山德士并不想就此了却一生，经过慎重考虑，他决定第二次创业。不久，身穿白色西装，打着黑色蝴蝶结，一身南方绅士打扮的白发山德士上校去从肯塔基州到俄亥俄州的每一家饭店兜售炸鸡秘方。开始的时候，没有人相信他。山德士的宣传工作做得很艰难，整整两年，他被拒绝了1009次。在1010次走进一家饭店时，他终于得到一句"好吧"的回答。有了一个人，就会有第二个人。在山德士的坚持之下，他的想法终于被越来越多的人接受了。1952年，盐湖城第一家被授权经营的肯德基餐厅建立，这便是世界上餐饮加盟特许经营的开始。哈兰·山德士的业务像滚雪球般越滚越大。

1964 年，年轻律师约翰·布朗和 60 岁的资本家杰克·麦塞等人

山德士正在亲手调制配料。正是有了精益求精的精神，才有了家喻户晓的肯德基品牌。

组成的投资集团被山德士的事业深深打动。他们用 200 万美元买下此项事业。74 岁的哈兰·山德士把接下来的事业交给下一代去做。伴随着富于进取的新经营管理人员的加盟，在美国快餐业迅速发展的大背景下，肯德基炸鸡以惊人的速度发展。山德士的一生是典型的美国传奇，他为肯德基付出了毕生的心血和努力，才造就了今天全球最大的炸鸡连锁集团。

1980 年，哈兰·山德士上校因白血病不幸逝世，享年 90 岁。他的遗体曾一度安放在州议会受人们瞻仰。他虽然离去了，但他创立的炸鸡事业给肯塔基州带来了永恒的魅力。人们可以不知道肯塔基州，但不能不知道肯德基炸鸡。

名　人　轶　事

山德士的童年

哈兰·山德士 6 岁那年，父亲去世，母亲离开他们到外地谋生。小山德士不得不担负起照顾 3 岁的弟弟和襁褓之中的妹妹的责任。迫于生活的压力，山德士在 7 岁时就成了会烧 20 个地方菜的能手。

生卒年：1955 ~
国　　籍：美国
出生地：美国华盛顿州西雅图
性　　格：内向、反叛
家　　庭：父亲是律师，母亲是华盛顿大学的董事

比尔·盖茨

微软公司的创始人

作为 20 世纪末最具影响力的人物之一，盖茨在电脑软件方面缔造了一个"帝国"，现在微软操作系统在全世界个人电脑的使用率上，已经占有高达 90% 的市场。此图是盖茨在向人们展示他的新产品。

盖茨从小精力旺盛，喜欢思考，酷爱读书。他喜欢读《世界图书百科全书》，后来又喜欢名人传记和文学作品。广泛的阅读为他积累了丰富的知识营养，再加上良好的家庭教育，他从小就表现出了超越同龄人的非凡智慧。他幼时的同学曾经回忆说，盖茨绝不是那种在同学中无足轻重的角色，而他的超常聪明也是大家公认的。11 岁时，盖茨的父母送他上西雅图的湖滨中学，这是一所以严格的课程要求而著称的学校，专门招收超常男生。在那里，盖茨进入了计算机软件世界。

盖茨和他的一个好朋友保罗·艾伦疯狂地迷上了计算机，他

电脑控制室

们热衷于解决难题，获得了越来越多的计算机知识。13 岁时，盖茨就会自编软件程序，只不过当时是为了游戏。1972 年，盖茨和保罗弄到了英特尔的 8008 微处理器芯片，摆弄出了一台机器，成立了交通数据公

比尔·盖茨和他的操作系统 Windows 95

司。1973年，盖茨中学毕业后，进入哈佛大学。在哈佛上学的两年时间里，盖茨的大部分时间都用在编程序和打扑克上面，他还在那里结识了同样爱好计算机的史蒂夫·鲍尔默，后者以后成为微软公司的总裁。1974年，世界上第一台微型计算机阿尔塔诞生，这给盖茨和艾伦的交通数据公司提供了编写BASIC的机会，经过两个多月的艰苦奋战，他们编写的BASIC语言在阿尔塔计算机上运行成功。1975年，盖茨最终说服了父母，他从哈佛大学退学，和艾伦在新墨西哥州的阿尔伯克基建立了微软（Microsoft）公司。这时，盖茨刚刚20岁，艾伦22岁。微软是微型计算机（Microcomputer）和软件（Soft）的缩写，它明确地指明了公司的发展方向就是专门为微型计算机编写软件。如今，微软是世界软件业的霸主。微软公司的第一次重大发展机遇出现在1980年，当时盖茨与IBM公司签订协议，为IBM公司新生产的个人电脑编写操作系统软件，即后来举世闻名的MS－DOS。1982年，盖茨27岁，他在软件开发方面取得的成就已经为世人所瞩目，这一年，美国著名的《金钱》杂志用他的照片作了封面。1986年3月，微软公司的股票上市发行，一年后，微软股价急剧飙升至每股90.75美元，而且还有继续向上攀升的趋势。当年，美国《福布斯》杂志将盖茨列入美国400名富翁中的第29位，当时，年仅31岁的盖茨拥有的股票价值超过10亿美元。1990年，微软推出了视窗3.0。1992年，盖茨成为美国最富有的人，拥有60亿美元的股票价值。

2000年，盖茨任命鲍尔默为微软首席执行官，而自己则为"首席软件设计师"。他在1994年1月1日与琳达·法兰奇结婚，生育了3个孩子。盖茨与夫人一起创办了慈善组织比尔与琳达·盖茨基金会，在为贫穷学生提供奖学金和艾滋病防治方面做出了很大贡献。2004年，盖茨被英国女王授予英帝国爵级司令勋章（KBE），这是女皇可以授予外国公民的最高荣誉。

姓　名：李嘉诚
生卒年：1928 ～
祖　籍：广东潮州
出生地：广东潮州
性　格：目标远大、乐观豁达、积极向上
家　庭：父亲是小学校长

李嘉诚

白手起家的商业巨子

李嘉诚，1928 年 7 月 29 日出生于广东省潮州市。

抗日战争爆发后，李嘉诚一家人逃难到香港。不久，父亲李云经病逝，小嘉诚被迫辍学。为了帮助母亲维持一家人的生计，李嘉诚到一家茶楼当烫茶的跑堂。16 岁的李嘉诚，从此开始了顽强拼搏的人生旅程。

不久，17 岁的李嘉诚辞掉了茶楼里的活计，找到一份为塑胶厂当推销员的工作。他从不愿意像其他推销员那样死缠烂打，总是预备几套方案，使人们自然而然地接受他的商品。由于李嘉诚推销有术，很快被提拔为业务经理。

3 年以后，李嘉诚用自己几年来积蓄的 7000 港元，又借了些钱，在维多利亚港附近的一条小溪旁，租下了一间灰暗的小厂房，买下了一台旧压塑机，办起了"长江塑胶厂"。工厂刚创办，采购、设计、生产、推销，都得李嘉诚亲自过问。尽管他费尽心机，这个厂还是因为资金周转不灵，一度面临破产。痛定

李嘉诚像

作为亚洲首富，李嘉诚创业的第一笔资金完全是靠自己平时省吃俭用积累的。他用实际行动向世人证明：财富既是创造而来，也是积累而来。积累对于年轻人尤为重要。

思痛，他在冷静地总结失败教训后，果断收缩生产，把得力的工人派出去搞推销。自己也背着产品跑遍香港。长江厂的产品毕竟质量好，很快得到几个代理商的预付定金。长江塑胶厂很快兴旺起来，后来又生产塑胶花。从 20 世纪 50 年代中期开始，李嘉诚生产的塑胶花开始远销欧美市场，年利润猛升到上千万港币。

不久，李嘉诚敏锐地意识到，由于塑胶行业的高利润和低门槛，势必导致激烈的竞争。于是，李嘉诚和夫人经过反复商讨之后，果断地决定转向房地产业。幸运的是，几年之中香港的房价果然暴涨，先走一步的李嘉诚一下子从千万富翁跨入了亿万富翁的行列。20 世纪 60 年代中期，内地的"文革"动乱波及香港。很多富翁逃离香港，争着廉价抛售产业。如果按照当时的房产价格算，李嘉诚几乎全军覆没。但李嘉诚临危不乱，在仔细分析局势后，毅然决定大力收购房地产。他又一次成功了。70 年代初，香港的房地产价格开始回升，李嘉诚从中获得了 200% 的利润。到 1976 年，李嘉诚公司的净产值达到 5 个多亿，成为香港最大的华资房地产实业。

20 世纪 70 年代末，李嘉诚预见到旅游业将成为热门行业，一流的宾馆将会有很高的出租率，于是收购拥有美国资本的永高有限公司 56% 的股权，随后又收买了其他股东的股权。永高公司的主要产业是位于香港中区的有 800 个房间的希尔顿大饭店。李嘉诚接收饭店之后，正赶上香港旅游业的黄金时代，果然大赚一笔。

1977 年，李嘉诚又在香港地铁中环站和金钟站兴建投标中，力挫群雄，一举胜出。时人说这是"华资地产崛起的新纪元"。李嘉诚也因此获得了可贵的信誉。翌年，李嘉诚中标所建的环球大厦和海富中心先后建成拍卖，李嘉诚由此赚得了数亿港元的财富。紧接着，李嘉诚又买下一家英资水泥厂和黄埔造船厂，古老的英资商行终于有一家成了华资集团大旗下的"臣民"。这桩经济界的奇迹，又一次成为香港的爆炸性新闻。

在香港富豪的"龙虎斗"中，李嘉诚以超凡的毅力和信念，准确和果断地把握时机，加之以独特的经营方针和策略，步步为营，最终登上了香港首席大富豪的宝座。1992 年，美国的《福布斯》世界富豪排名，李嘉诚以 38 亿美元的个人财产列世界第 35 位，成为当时全球华人中的首富。